AF642665

D. Martyn Lloyd-Jones

UND GOTT GREIFT DOCH EIN

Christlicher Verlag
Voice of Hope

1. Auflage 2023

Originaltitel: From Fear to Faith
© 1953 D.M. Lloyd Jones

Alle Rechte vorbehalten.
Diese Übersetzung von »From Fear to Faith«
wurde in Absprache mit IVP UK herausgegeben.

© der deutschen Ausgabe 2023
by Verlag Voice of Hope
Eckenhagener Str. 43
51580 Reichshof-Mittelagger
www.voh-shop.de

Neu übersetzt, lektoriert und gestaltet von: Voice of Hope

Bestell-Nr. 875.234
ISBN 978-3-947978-34-2

Soweit nicht anders vermerkt, wurden die Bibelzitate
der Schlachter-Bibel 2000 entnommen.

INHALT

EINLEITUNG

Das Rätselhafte der Geschichte

Es gibt viele und vielfältige Probleme, die mit dem Glaubensleben zusammenhängen. Keineswegs verheißt uns die Heilige Schrift, dass unser Leben als Christen in dieser Welt frei sein werde von Schwierigkeiten und Prüfungen. Es gibt einen Widersacher unserer Seelen, der stets am Werk ist. Sein großes Ziel besteht darin, uns ständig zu entmutigen und uns nach Möglichkeit sogar dazu zu bringen, unseren Glauben zu verleugnen. Vielfältige Versuchungen präsentiert er uns, alles, was unseren Glauben untergraben könnte.

Eine der größten Sorgen unserer Zeit bezüglich des Glaubens könnte man heute wohl als »das Problem der Geschichte« bezeichnen. Es ist die geschichtliche Situation, die so viele Menschen ratlos zu machen scheint. Das war nicht immer der Fall. Gegen Ende des 19. Jahrhunderts und vielleicht bis 1914 war die Hauptschwierigkeit, mit der sich die Gläubigen konfrontiert sahen, nicht »das Problem der Geschichte«, sondern »das Problem der Wissenschaft«. Damals berief sich der Angriff auf den Glauben auf die Autorität der Wissenschaftler und ihrer Entdeckungen. Die Schwierigkeit schien damals darin zu bestehen, die Lehre der Bibel mit den beobachteten Fakten in der Natur und den verschiedenen Behauptungen der Wissenschaftler in Einklang zu bringen.

Es stimmt natürlich, dass es immer noch Menschen gibt, die über die gleichen Fragen beunruhigt sind; doch sind sie zurzeit nicht mehr das Hauptproblem. Der alte Konflikt zwischen Wissenschaft und Religion ist wirklich nicht mehr aktuell. Die Wissenschaftler selbst haben ihn aufgehoben, indem sie die materialistischen und mechanischen Vorstellungen, die das populäre wissenschaftliche Denken beherrschten, größtenteils verworfen haben. Im Bereich der Physik haben die jüngsten Entdeckungen und Theorien solchen Vorstellungen ein Ende bereitet, und wir haben in unserer Zeit mehr als einen hervorragenden Wissenschaftler beobachtet, der zugeben musste, dass er sich dazu gedrängt sieht, an einen intelligenten Geist hinter dem Universum zu glauben.

Es ist also nicht das wissenschaftliche Problem, sondern das Rätselhafte der Geschichte, das uns heute Sorgen bereitet. Das ist das Problem der Probleme unserer Zeit. Es ergibt sich natürlich aus den Ereignissen dieser Zeit. Unsere Glaubensväter im 19. Jahrhundert haben sich nicht sonderlich um das Problem der Geschichte gekümmert, denn das Leben verlief in ruhigen Bahnen und bewegte sich, wie sie glaubten, unweigerlich auf ein wunderbares Ziel der Vollkommenheit zu. Das »Gelobte Land« sollte bald eingenommen werden. Sie brauchten nur ruhig weiterzugehen, und bald würden sie dort sein. Aber wir alle sind im 20. Jahrhundert durch den Ablauf der Ereignisse bis ins Innerste erschüttert worden, und angesichts dieser Dinge wurde der Glaube vieler Menschen hart geprüft. Sie haben zum Beispiel Schwierigkeiten, die beiden verheerenden Weltkriege zu erklären, weil ihnen solche Ereignisse mit der biblischen Lehre von der Vorsehung Gottes unvereinbar erscheinen.

Es muss jedoch sofort gesagt werden, dass dies ein Problem ist, das niemanden unglücklich oder ratlos machen sollte. Es gäbe dafür wirklich keine Entschuldigung, aufgrund der klaren Lehre der Heiligen Schrift selbst. Einerseits gab es nie eine

Entschuldigung dafür, in Bezug auf den Konflikt zwischen Wissenschaft und Religion ratlos zu sein. Aber es gibt noch weniger Entschuldigung dafür, sich wegen dieses Problems der Geschichte aufzuregen, denn die Schrift behandelt es auf klarste Art und Weise. – Warum also sind die Menschen darüber besorgt?

Der Hauptgrund scheint darin zu liegen, dass manche die Bibel in einem begrenzten Sinn verwenden, nämlich ausschließlich als ein Lehrbuch für die persönliche Errettung. Viele meinen anscheinend, das einzige Thema der Bibel sei die persönliche Beziehung des Menschen zu Gott. Natürlich ist dies eines der zentralen Themen, und wir danken Gott für die wunderbare Errettung, ohne die wir als Christen hoffnungslos verzweifeln müssten. Aber das ist nicht das einzige Thema der Heiligen Schrift. Wir können vielmehr sagen, dass die Schrift die Frage der persönlichen Errettung in einen größeren Zusammenhang stellt. Letztlich betrifft die Hauptbotschaft der Schrift den Zustand der gesamten Welt und ihre Bestimmung; und du und ich sind als Einzelwesen ein Teil dieses größeren Ganzen. Darum beginnt sie mit der Erschaffung der Welt und nicht mit der des Menschen.

Das Problem ist, dass wir dazu tendieren, uns ausschließlich mit unseren eigenen persönlichen Problemen zu befassen, während die Bibel viel weiter zurückgeht: Sie stellt jedes Problem in den Kontext dieser Weltsicht.

Wenn wir nicht begreifen, dass die Bibel eine bestimmte Weltsicht hat, dann ist es nicht verwunderlich, dass uns die Welt in ihrem derzeitigen Zustand zur Verzweiflung bringt. Wenn wir jedoch die Bibel als Ganzes durchlesen und ihre Botschaft zur Kenntnis nehmen, anstatt nur gelegentlich einen Psalm oder die Bergpredigt oder das Johannesevangelium herauszupicken, dann werden wir entdecken, dass sie eine tiefgründige Geschichtsphilosophie und eine unverwechselbare Weltsicht beinhaltet.

Die Bibel ermöglicht es uns zu verstehen, was heute geschieht, und dass alles, was sich in der Geschichte ereignet, seinen Platz im göttlichen Plan hat. Die große und edle Lehre der Heiligen Schrift befasst sich mit der ganzen Frage der Welt und ihres Schicksals.

Im Buch des Propheten Habakuk finden wir ein perfektes Beispiel dafür. Der Prophet behandelt das Problem der Geschichte auf eine besonders interessante Weise; nicht als akademische oder theoretische Geschichtsphilosophie, sondern als die persönliche Ratlosigkeit eines Mannes – des Propheten selbst. Er schrieb sein Buch, um von seinen eigenen Erfahrungen zu berichten. Hier ist ein Mann, der angesichts dessen, was geschieht, zutiefst beunruhigt ist. Er versucht das, was er sieht, mit dem zu vereinbaren, was er glaubt.

Die gleiche Herangehensweise an die Frage findet sich auch an anderen Stellen in der Bibel, besonders in den Psalmen, und jeder einzelne der Propheten befasst sich mit diesem Problem der Geschichte.

Aber nicht nur die Schriften des Alten Testaments sind voll von dieser Frage. Der aufmerksame Leser wird entdecken, dass sie sich in gleicher Weise durch das ganze Neue Testament zieht. Er wird bemerken, wie unser Herr den Verlauf der Geschichte vorhersagt, und im Buch der Offenbarung wird er auf eine weitere Geschichtsphilosophie stoßen und das Verhältnis unseres auferstandenen Herrn und Seiner Gemeinde zu jener Geschichte vorausgesagt finden. – Wir sollten uns der Tatsache bewusst werden, dass »das Problem der Geschichte« das große Thema der Heiligen Schrift darstellt.

Wenn wir uns dem Studium des Buches Habakuk nähern, sollten wir zunächst die Situation betrachten, mit der sich der Prophet persönlich konfrontiert sah. Daraus können wir bestimmte Grundsätze ableiten. Dadurch werden wir erkennen, dass alles, was den Propheten beunruhigte, im Grunde genommen genau das ist, was so viele Menschen unserer Zeit beunruhigt, wenn sie versuchen, das, was sie vor Augen haben, mit der Lehre der Heiligen Schrift in Verbindung zu bringen, insbesondere mit der Lehre über das Wesen und den Charakter Gottes.

Der Prophet sah Israel in einem sehr abtrünnigen Zustand. Es hatte sich von Gott abgewandt und Ihn vergessen. Es hatte sich falschen Göttern und anderen unwürdigen Bestrebungen hingegeben. Kein Wunder, dass er in großer Verzweiflung ausruft: »*Wie lange, o HERR, rufe ich [schon], ohne dass Du hörst! Ich schreie zu Dir [wegen des] Unrechts, und Du hilfst nicht. Warum lässt Du mich Bosheit sehen* – und er denkt an seine eigene Nation und sein eigenes Volk – *und schaust dem Unheil zu?*

Bedrückung und Gewalttat werden vor meinen Augen begangen; es entsteht Streit, und Zank erhebt sich. Darum wird das Gesetz kraftlos, und das Recht bricht nicht mehr durch; denn der Gottlose bedrängt den Gerechten von allen Seiten; darum kommt das Urteil verkehrt heraus!« (Hab. 1,2-4).

Welch ein grässliches Bild! Sünde, Sittenlosigkeit und Laster griffen um sich, während diejenigen, welche die Verantwortung trugen und mit der Regierung betraut waren, nachlässig und träge waren. Sie sorgten nicht dafür, dass das Gesetz befolgt wurde, und waren selbst ungerecht und unaufrichtig. Überall herrschte Gesetzlosigkeit, und wann auch immer jemand es wagte, das Volk zu ermahnen, wie es der Prophet tat, erhoben sich die Machthaber mit Streit und Zwietracht. Auf den schweren religiösen Abfall folgte, wie es immer der Fall ist, ein allgemeiner moralischer und politischer Niedergang. – Das waren die alarmierenden Zustände, mit denen der Prophet konfrontiert war.

Das war ein echtes Problem. Zunächst einmal konnte Habakuk nicht verstehen, warum Gott das alles zuließ. Er hatte darüber gebetet, aber Gott schien nicht zu antworten. Daher seine Ratlosigkeit: »*Wie lange, o HERR, rufe ich [schon], ohne dass*

Du hörst! Ich schreie zu Dir [wegen des] Unrechts, und Du hilfst nicht« (Hab. 1,2). Aber unglücklicherweise war dies für den Propheten erst der Anfang seiner Probleme. Denn auf seine Klage hin, dass Gott ihn nicht gehört und seine Gebete nicht erhört habe, antwortete Gott ihm zwar, aber auf eine gänzlich unerwartete Weise: »*Seht euch um unter den Heidenvölkern und schaut umher; verwundert und entsetzt euch! Denn Ich tue ein Werk in euren Tagen – ihr würdet es nicht glauben, wenn man es erzählte! Denn siehe, Ich erwecke die Chaldäer, ein bitterböses und ungestümes Volk, das die Weiten der Erde durchzieht, um Wohnsitze zu erobern, die ihm nicht gehören« (Hab. 1,5-6).* Gott sagte quasi dem Propheten: »Ich habe deine Gebete die ganze Zeit gehört, und jetzt sage Ich dir, was Ich zu tun gedenke: Ich werde das Volk der Chaldäer emporheben.«

Die Chaldäer waren zu jener Zeit ein sehr unbedeutendes Volk im Vergleich zu den Assyrern, den mächtigen Zeitgenossen Israels. – Habakuk, der ohnehin schon verwirrt darüber war, dass Gott Ungerechtigkeit in Seinem eigenen Volk zuließ, erfährt nun, dass Gott beabsichtigt, ein völlig heidnisches, gottloses Volk aufzurichten, um das Land zu erobern und Sein Volk zu bestrafen.

Das war dem Propheten unbegreiflich. Und dies ist das Problem, das wir in den folgenden Kapiteln untersuchen werden.

Ein Überblick über das Buch Habakuk

In **Kapitel 1,5-11** sagt Gott dem Propheten, was Er zu tun gedenkt. Er offenbart die Macht dieses schrecklichen Feindes und die Verwüstung, die er hinterlassen wird. Er beschreibt die Arroganz und den Stolz des Feindes, der seinen Erfolg auf seinen eigenen Gott und seine eigene Größe zurückführt.
In **Kapitel 1,12 - Kapitel 2,1** sehen wir, wie der Prophet sich mit diesem Problem auseinandersetzt.

Der Rest von **Kapitel 2** ist dem gnädigen Umgang Gottes mit Habakuk gewidmet und der Art und Weise, wie Er ihn befähigt, die Gesamtsituation zu verstehen. Gott gibt ihm einen wunderbaren Einblick in die biblische Philosophie und Geschichte; Er zeigt, wie diese Dinge mit Seiner eigenen Heiligkeit und Größe in Einklang zu bringen sind, und wie alles schließlich perfekt zum Ziel führen wird.

Kapitel 3 beschreibt die Reaktion des Propheten auf all dies.

KAPITEL 1

GOTTES ERSTAUN-LICHE WEGE

Habakuk 1,1-11

1 *Die Last, die der Prophet Habakuk geschaut hat:*

2 *Wie lange, o HERR,*
rufe ich [schon], ohne dass Du hörst!
Ich schreie zu Dir [wegen des] Unrechts,
und Du hilfst nicht.

3 *Warum lässt Du mich Bosheit sehen*
und schaust dem Unheil zu?
Bedrückung und Gewalttat
werden vor meinen Augen begangen;
es entsteht Streit, und Zank erhebt sich.

4 *Darum wird das Gesetz kraftlos,*
und das Recht bricht nicht mehr durch;
denn der Gottlose bedrängt
den Gerechten von allen Seiten;
darum kommt das Urteil verkehrt heraus!

5 *Seht euch um unter den Heidenvölkern und*
schaut umher; verwundert und entsetzt euch!
Denn Ich tue ein Werk in euren Tagen –
ihr würdet es nicht glauben, wenn man es erzählte!

6 *Denn siehe, Ich erwecke die Chaldäer,*
ein bitterböses und ungestümes Volk,
das die Weiten der Erde durchzieht,
um Wohnsitze zu erobern, die ihm nicht gehören.

7 *Es ist schrecklich und furchterregend;*
sein Recht und sein Ansehen
gehen von ihm selbst aus.

8 *Schneller als Leoparden sind seine Rosse*
und rascher als Wölfe am Abend;
seine Reiter kommen im Galopp daher,
von fern her kommen seine Reiter;
sie fliegen daher wie ein Adler,
der sich auf den Fraß stürzt.

9 *Sie gehen alle auf Gewalttaten aus;*
ihre Angesichter streben [unaufhaltsam] vorwärts,
und sie fegen Gefangene zusammen wie Sand.

10 *Es spottet über die Könige,*
und für Fürsten hat es nur Gelächter übrig;
es lacht über alle Festungen,
schüttet Erde auf und erobert sie.

11 *Dann fährt es daher wie ein Sturmwind,*
geht weiter und lädt Schuld auf sich;
denn diese seine Kraft macht es zu seinem Gott.

DIE SICHT DES MENSCHEN

Die Botschaft des Propheten Habakuk ist für uns in der heutigen Zeit, in der so viele Menschen über die Probleme unserer Geschichte verwirrt sind, bitter nötig. Wir wollen darum mit zwei Erklärungen zu den Tatsachen beginnen:

Gottes Wege sind oft rätselhaft ...

... wegen Seiner »Untätigkeit«

Wenn wir uns das Handeln Gottes näher betrachten, entdecken wir zunächst, *dass Er unter herausfordernden Bedingungen merkwürdig still und untätig zu sein scheint*. Wir fragen uns dann:

- Warum lässt Gott zu, dass bestimmte Dinge geschehen?
- Warum ist die Gemeinde Christi heute so, wie sie ist?
- Warum hat Gott solche Zustände erlaubt?

- Warum ließ Er moderne Strömungen aufkommen, die Seine Grundwahrheiten leugnen?
- Warum bringt Er diese Leute nicht zu Fall, wenn sie den Glauben verlästern?
- Warum lässt Er es zu, dass *sogar in Seinem Namen* so viel Unrecht getan wird?

Noch einmal: Warum hat Gott die Gebete Seines treuen Volkes nicht erhört? Wir beten seit vielen Jahren um Erweckung, und unsere Gebete sind aufrichtig und eifrig gewesen. Wir haben die gegenwärtigen Zustände beklagt und ihretwegen zu Gott geschrien, aber trotzdem scheint nichts zu geschehen.

Wie der Prophet Habakuk fragen viele: »*Wie lange, o HERR, rufe ich [schon], ohne dass Du hörst! Ich schreie zu Dir [wegen des] Unrechts, und Du hilfst nicht« (Hab. 1,2).* Aber das ist nicht nur das Problem der Gemeinde Jesu als Ganzes; es ist auch die Frage, die so viele Menschen persönlich beschäftigt. Es gibt Menschen, die seit vielen Jahren für jemanden beten, der ihnen am Herzen liegt, doch Gott scheint nicht zu antworten. Sie denken: »Ist es nicht der Wille Gottes, dass ein Mensch errettet wird? Nun, ich habe all die Jahre für ihn gebetet, und nichts scheint zu geschehen. Warum nur? Warum schweigt Gott still?«

Wir Menschen sind diesbezüglich oft ungeduldig und fragen uns: Warum erhört Er unsere Gebete nicht? Wie können wir verstehen, dass ein heiliger Gott zulässt, dass Seine eigene Gemeinde so ist, wie sie heute ist?

... wegen Seiner unerwarteten Fügungen

Unsere zweite Entdeckung ist, dass Gott manchmal unerwartete Antworten auf unsere Gebete gibt. Das war es, was Habakuk mehr als alles andere erschreckte. Lange Zeit scheint Gott überhaupt nicht zu antworten. Wenn Er dann doch antwortet, ist das, was Er sagt, noch rätselhafter als die Tatsache, dass Er unsere Gebete scheinbar nicht erhört.

Habakuk war sich darüber im Klaren, dass Gott Sein Volk züchtigen und dann eine große Erweckung schicken müsse. Aber als Gott ihm entgegnete: »Ich antworte dir, indem Ich das Heer der Chaldäer aufstelle, damit es durch eure Städte zieht und sie zerstört« (siehe Hab. 1,6), da war dies das Letzte, was er sich je hätte vorstellen können. Doch genau das hat Gott ihm gesagt, und das ist es, was tatsächlich eingetreten ist.

John Newton verfasste ein Gedicht, das eine ähnliche persönliche Erfahrung beschreibt. Er wünschte, dass sich in seinem geistlichen Leben etwas besserte, und er schrie förmlich nach einer tieferen Erkenntnis Gottes. Er erwartete eine wunderbare Offenbarung von Ihm, wie Er den Himmel zerreißt und herabkommt, um Segen auf sein Leben herabregnen zu lassen. Aber stattdessen machte Newton eine Erfahrung, bei der es monatelang so aussah, als hätte Gott ihn dem Satan übergeben. Er wurde auf eine Weise versucht und geprüft, die sein Fassungsvermögen überstieg. Doch schließlich begriff er und sah, dass dies die Art und Weise war, wie Gott sein Gebet erhörte. Gott hatte es zugelassen, dass er in die Tiefe stürzte, damit er lernte, sich voll und ganz auf Gott zu verlassen. Als Newton schließlich seine Lektion gelernt hatte, holte Gott ihn wieder aus seiner Prüfung heraus.

Wir alle neigen dazu, Gott die Antwort auf unsere Gebete vorzuschreiben. Wir meinen, Gott könne nur in einer bestimmten Weise reagieren. Doch die Heilige Schrift lehrt uns, dass Gott unsere

Gebete mitunter erhört, indem Er es zulässt, dass die Dinge noch viel schlimmer werden, bevor sie sich bessern. Manchmal tut Er auch das Gegenteil von dem, was wir erwarten. Er kann uns überwältigen, indem Er uns gleichsam mit einer chaldäischen Armee konfrontiert. Dennoch ist es ein grundlegendes Prinzip im Leben und auf dem Weg des Glaubens, dass wir immer auf Unerwartetes gefasst sein müssen, wenn wir es mit Gott zu tun haben.

Ich frage mich, was denn wohl unsere Väter vor vierzig Jahren gedacht hätten, wenn sie den Zustand der Gemeinde Jesu von heute hätten voraussehen können. Sie waren schon damals unglücklich genug über die Zustände und trafen sich, um gemeinsam Gott zu suchen und um Erweckung zu flehen. Wenn sie die Gemeinden der heutigen Zeit sehen könnten, würden sie ihren Augen nicht trauen. Niemals hätten sie sich vorstellen können, dass die Gemeinden in geistlicher Hinsicht so tief herabsinken könnten. Doch Gott hat dies zugelassen. Es war eine unerwartete Antwort. Wir müssen an der Hoffnung festhalten, dass Er die Dinge zunächst einmal schlimmer werden lässt, bevor es sich schlussendlich zum Guten wendet.

... wegen Seiner ungewöhnlichen Werkzeuge

Ein drittes überraschendes Merkmal von Gottes Handeln ist, dass Er mitunter merkwürdige Werkzeuge gebraucht, um Seine Gemeinde und Sein Volk zurechtzuweisen.

Ausgerechnet die Chaldäer will Gott erheben, um Israel zu züchtigen! So etwas war undenkbar! Aber auch hier zeigt sich eine Tatsache, die sich durch die ganze Heilige Schrift zieht. Gott kann, wenn Er es wünscht, sogar die gottlosen Chaldäer benutzen! Im Verlauf der Geschichte hat Er alle möglichen merkwürdigen und unerwarteten Werkzeuge benutzt, um Seine Absichten zu verwirklichen.

Im Blick auf unsere heutige Situation ist dies ein höchst bedeutsamer Sachverhalt, denn es scheint, dass vieles von dem, was jetzt in der Welt geschieht, gemäß der Bibel in diesem Licht betrachtet werden muss. Vielleicht können wir sogar noch weiter gehen und eindeutig sagen, dass die Verfolgung, vor der sich so viele Christen fürchten, nur ein Werkzeug ist, das Gott benutzt, um Sein eigenes Volk zurechtzubringen.

Die Bedeutung all dessen liegt in der Tatsache, dass unsere Gebete falsch erdacht und falsch ausgerichtet sind, wenn wir diese Dinge nicht in der richtigen Art und Weise betrachten.

Wir müssen den wahren Zustand der Gemeinde wahrnehmen und ihre Schuld erkennen.

Wir müssen verstehen, dass Gott möglicherweise die Kräfte, die der Christenheit am feindlichsten gegenüberstehen, für Seine eigenen Zwecke einsetzt.

Die eindeutige Lehre des Propheten ist, dass Gott in der Tat sehr seltsame Werkzeuge benutzen kann – manchmal das allerletzte, mit dem wir gerechnet hätten.

Gottes Wege werden oft missverstanden

Missverstanden von leichtfertigen religiösen Menschen

Gottes Wege sind oft seltsam und verwirrend, und über Seine Handlungsweise wird von den verschiedensten Arten von Menschen Verwunderung empfunden. Es ist zunächst eine sehr überraschende Angelegenheit für die eher leichtfertigen unter den religiösen Menschen. In Habakuk 1,5 bezieht sich Gott auf die Gottlosen in Israel, auf jene, die leichtfertig und nachlässig geworden waren: »*Seht euch um unter den Heidenvölkern und schaut umher; verwundert und entsetzt euch! Denn Ich tue ein Werk in euren Tagen – ihr würdet es nicht glauben, wenn man es erzählte!*«

Sie dachten: »Dieser Prophet da erzählt uns, dass Gott die Chaldäer benutzen werde – als ob Gott so etwas tun könnte! Es besteht keine wirkliche Gefahr; hört nicht auf ihn. Diese Propheten sehen immer alles schwarz und drohen uns mit Unheil. Allein die Vorstellung, dass Gott ein Volk wie die Chaldäer erheben würde, um Israel zu züchtigen, ist völlig widersinnig!«

Das Problem Israels war, dass es den Propheten nie glauben wollte. Tatsächlich aber handelte Gott mit Seinem Volk genau so, wie Er es angekündigt hatte.

Diese Einstellung, die wir bei den Israeliten finden, ist so alt wie die Sintflut. Gott warnte die frühere Welt durch Noah vor dem Gericht, indem Er sagte: »›*Mein Geist soll nicht für immer mit dem Menschen rechten*‹. Ich will seine Lebenszeit verkürzen« (1.Mo. 6,3). Aber die Menschen spotteten und hielten das für ausgeschlossen und unmöglich. Genauso war es auch mit Sodom und Gomorra: Diese unbekümmerten Menschen konnten einfach nicht glauben, dass ihre Städte zerstört werden würden. Sie meinten, Gott würde schon eingreifen, ehe das geschähe, und setzten ihre träge Lebensweise fort in der Hoffnung, Gott werde sie ohne große Umstände erretten. Zur Zeit Habakuks war die Einstellung die gleiche. Aber Gott ließ die Chaldäer aufsteigen, sodass sie Israel angriffen und eroberten. Das Volk wurde niedergeschlagen und in die Gefangenschaft verschleppt.

Die eindrücklichste Darstellung dieses Grundsatzes findet sich in Apostelgeschichte 13, wo Paulus den fünften Vers von Habakuk 1 zitiert und ihn auf seine Zeitgenossen anwendet. Er erklärt sinngemäß: »Nein, ihr werdet nicht glauben, wie auch eure Väter nicht geglaubt haben. Aber weil Israel seinen Messias nicht erkannt hat, Ihn sogar gekreuzigt hat und sich nun weigert, Seinem Evangelium zu glauben, darum wird Gott schließlich im

Gericht handeln. Er wird die Römer beauftragen, dass sie euren Tempel plündern und niederreißen, und ihr selbst werdet unter die Völker vertrieben werden. Ich weiß, dass ihr das nicht glaubt, denn der Prophet Habakuk hat es bereits prophezeit, und ihr ignoriert weiterhin seine Botschaft« (siehe Apg. 13,26-41).

Das Jahr 70 n. Chr. kam unaufhaltsam. Die römischen Legionen umzingelten Jerusalem und zerstörten es, und die Juden wurden unter die Völker zerstreut, wo sie bis zum heutigen Tag geblieben sind. Es ist wahr, dass leichtfertige religiöse Menschen den Propheten niemals glauben. Sie sagen: »So etwas würde Gott nie tun!« Aber ich erinnere euch daran, dass Gott sehr wohl so handelt.

Vielleicht benutzt Gott in unserer Zeit die gottlose Regierung, um Sein eigenes Volk zu züchtigen und ihm eine Lektion zu erteilen. Wir dürfen darum nicht weiterhin selbstzufrieden und träge sein und sagen, dass es undenkbar sei, dass Gott ein solches Werkzeug benutzen könnte. Wir dürfen uns nicht täuschen lassen wie die religiösen Juden vor der Zerstörung Jerusalems, welche die Zeichen der Zeit nicht erkannten.

Missverstanden von der Welt

Zweitens sind die Wege Gottes für die Welt sehr überraschend. So heißt es in Habakuk 1,11:

> *»Dann fährt es [das Volk der Chaldäer] daher wie ein Sturmwind, geht weiter und lädt Schuld auf sich; denn diese seine Kraft macht es zu seinem Gott.«*

Die Chaldäer merkten überhaupt nicht, dass sie von Gott benutzt wurden; sie schrieben ihren Erfolg ihrem eigenen »Gott« zu. Sie glaubten, dass sie ihren Erfolg ihrer eigenen militärischen Stärke verdankten, und sie rühmten sich dieser Tatsache. Doch Gott würde ihnen schon bald zeigen, dass dem nicht so war und dass Er sie, nachdem Er sie erhöht hatte, auch wieder stürzen konnte.

Die Welt versteht Gottes Wege nicht, noch weniger als Sein eigenes Volk. Die hochmütigen Mächte, die von Gott zu verschiedenen Zeiten in der Geschichte für Seine Zwecke benutzt wurden, haben stets mit ihren Leistungen geprahlt. Der Stolz der modernen Welt auf ihren wissenschaftlichen Fortschritt und auf ihre politischen Systeme ist typisch dafür. Weil die Feinde des christlichen Glaubens die Gemeinde dahinsiechen sehen und sich selbst im Vormarsch befinden, schreiben sie ihren Erfolg »ihrem eigenen Gott« zu. Sie verstehen den wahren Sinn der Geschichte nicht. Großmächte sind aufgestiegen und haben eine Zeit lang erfolgreich geherrscht, aber sie haben sich immer an ihren eigenen Erfolgen berauscht; und plötzlich sahen sie sich selbst wieder am Boden liegend. Der wahre Sinn der Geschichte erschließt sich ihnen nicht.

Missverstanden von dem Propheten selbst

Schließlich waren die Wege Gottes sogar für den Propheten selbst verwirrend; doch seine Reaktion war eine ganz andere. Seine Frage war, wie dies alles mit der Heiligkeit Gottes zu vereinbaren sei. Er schreit:

> *»Wie lange, o HERR, rufe ich [schon], ohne dass Du hörst! Ich schreie zu Dir [wegen des] Unrechts, und Du hilfst nicht. Warum lässt Du mich Bosheit sehen und schaust dem Unheil zu? Bedrückung und Gewalttat werden vor meinen Augen begangen; es entsteht Streit, und Zank erhebt sich«* (Hab. 1,2-3).

Die biblische Sichtweise

Als Antwort auf dieses Problem der Geschichte muss es genügen, die folgenden allgemeinen biblischen Grundsätze aufzustellen:

Die Geschichte steht unter der Kontrolle Gottes

»Denn siehe, Ich erwecke die Chaldäer, ein bitterböses und ungestümes Volk« (Hab. 1,6).

Gott herrscht nicht nur über Israel, sondern auch über Seine Feinde, die Chaldäer. Jedes Volk auf der Erde ist in der Hand Gottes, denn es gibt keine Macht in der Welt, die nicht letztlich von Ihm beherrscht würde. Es ist nicht alles so, wie es zu sein scheint. Es schien so, als hätten die Chaldäer durch ihre militärische Geschicklichkeit die Vorherrschaft erlangt. Aber es war nicht so, denn *Gott* hatte sie erhöht. Gott ist der Herr der Geschichte. Er sitzt im Himmel, und die Völker sind für Ihn *»wie Heuschrecken« (Jes. 40,22), »wie ein Tropfen am Eimer; wie ein Stäubchen in den Waagschalen« (Jes. 40,15).*

Die Bibel versichert, dass Gott über allem steht. Er hat den geschichtlichen Prozess in Gang gesetzt, Er kontrolliert ihn, und Er wird ihn auch zu Ende führen. Diese entscheidende Tatsache dürfen wir nie aus den Augen verlieren.

Die Geschichte folgt einem göttlichen Plan

Nichts geschieht einfach so. Die Ereignisse sind keinem Zufall unterworfen, sondern die Geschichte folgt einem festen Plan, in dem alles von Anfang an vorherbestimmt ist. Gott sieht *»von Anfang an das Ende« (Jes. 46,10)*; Er verfolgt mit allem ein Ziel, und Er kennt die *»Zeiten und Zeitpunkte« (1.Thess. 5,1)*. Er weiß, wann Er Israel segnen soll und wann nicht. Alles steht in Seiner Hand. *»Als aber die Zeit erfüllt war, sandte Gott Seinen Sohn« (Gal. 4,4)*. Er ließ zuerst die großen Philosophen mit der Klarheit ihrer Gedanken auftreten. Dann kamen die Römer, die berühmt waren für ihr geordnetes Regierungssystem, mit ihrem Straßenbau und ihrem wunderbaren Rechtswesen, das sie auf der ganzen Welt verbreiteten. Erst danach sandte Gott Seinen Sohn. Gott hatte das alles geplant.

Die Geschichte hat einen Sinn und ein Ziel, und was jetzt in diesem Jahrhundert (Lloyd-Jones predigte im 20. Jh.) geschieht, ist kein Zufall. Wenn wir uns daran erinnern, dass die Gemeinde im Mittelpunkt von Gottes Plan steht, sollten wir niemals den Stolz und Hochmut der Gemeinde im 19. Jh. vergessen: wie sie sich selbstzufrieden zurücklehnte, ihre sogenannten kultivierten Predigten und ihr gelehrtes Amt genoss und nur verschämt auf so etwas wie Bekehrung und das Werk des Heiligen Geistes zu sprechen kam. Betrachte mal den wohlhabenden Viktorianer, der gemütlich seinen Gottesdienst genießt. Beachte seine Wissenschaftsgläubigkeit und seine Bereitschaft, die Philosophie an die Stelle der Offenbarung zu setzen. Ständig verleugnet er den Geist des Neuen Testaments!

Ja, die Gemeinde bedurfte der Züchtigung, und es ist gar nicht so schwer, unsere Zeit zu verstehen, wenn wir die Geschichte des letzten Jahrhunderts betrachten. Es lässt sich tatsächlich ein Plan hinter alledem erkennen.

Alles geschieht *»nach dem Ratschluss Seines Willens« (Eph. 1,11)*. Gott hat Seine Zeit, Seinen eigenen Weg, und Er handelt und wirkt dementsprechend.

Die Geschichte ist eng verknüpft mit dem Reich Gottes

Das Reich Gottes ist der Schlüssel zur Weltgeschichte. Die Geschichte der anderen Völker, die im Alten Testament erwähnt werden, ist nur insofern von Bedeutung, als sie sich auf das Geschick Israels auswirkt. Und die gegenwärtige Geschichte ist letztlich nur insofern relevant, als sie sich auf die Geschichte der Gemeinde auswirkt.

Was in der Welt wirklich zählt, ist das Reich unseres Gottes. Von Anfang an, seit dem Sündenfall, ist Gott dabei, ein neues Reich in dieser Welt aufzurichten. Es ist Sein eigenes geistliches Reich, und Er ruft Menschen aus der sündigen Welt in dieses Reich; und alles, was in der Welt geschieht, steht in Beziehung zu diesem Reich. Zwar ist es noch im Entstehungsprozess, aber es wird schlussendlich seine perfekte Vollendung erreichen. Die anderen Ereignisse sind insofern von Bedeutung, als sie sich auf dieses Ereignis auswirken. Die gegenwärtigen Probleme sind nur in dessen Licht zu verstehen. Was Gott heute in der Gemeinde und in der Welt zulässt, steht in einem Zusammenhang mit Seinem großen Ziel für Seine Gemeinde und Sein Reich.

Wir sollten also keinen Anstoß daran nehmen, wenn wir sehen, dass in der Welt überraschende Ereignisse geschehen, sondern sollten uns vielmehr fragen: »Welche Bedeutung hat das für das Reich Gottes?«

Oder wenn uns persönlich befremdliche Dinge passieren, so sollten wir nicht klagen, sondern fragen:

- Was will mich Gott dadurch lehren?
- Worin muss ich korrigiert werden?
- Wo habe ich etwas falsch gemacht,
und wozu lässt Gott das alles geschehen?

Solche Begebenheiten haben einen tieferen Sinn – wenn wir ihn nur erkennen können. Wir sollten nicht verwirrt sein und an der Liebe oder Gerechtigkeit Gottes zweifeln. Wenn Gott so unfreundlich wäre, manche unserer Gebete sofort zu erhören, und zwar in unserem Sinne, dann wären wir sehr arme Christen!

Glücklicherweise zögert Gott manchmal Seine Antwort hinaus, um sich mit unserer Selbstsucht oder mit anderen Dingen in unserem Leben zu befassen, die nicht da sein sollten. Er sorgt sich um uns und will uns für einen größeren Platz in Seinem Reich zurüsten.

Darum sollten wir jedes Ereignis im Licht von Gottes großartigem, ewigem und herrlichem Plan beurteilen.

KAPITEL 2

RAT-
LOSIGKEIT

Habakuk 1,12-17

12 *Bist Du, o HERR, nicht von Urzeiten her*
mein Gott, mein Heiliger?
Wir werden nicht sterben!
HERR, zum Gericht hast Du ihn eingesetzt,
und zur Züchtigung hast Du,
o Fels, ihn bestimmt.

13 *Deine Augen sind so rein,*
dass sie das Böse nicht ansehen können;
Du kannst dem Unheil nicht zuschauen.
Warum siehst Du denn den Frevlern schwei-
gend zu, während der Gottlose den verschlingt,
der gerechter ist als er?

14 *Du lässt die Menschen so behandeln*
wie die Fische im Meer, wie das Gewürm,
das keinen Herrscher hat.

15 *Er fischt sie alle mit der Angel heraus,*
fängt sie mit seinem Netz
und sammelt sie in sein Garn;
darüber freut er sich und frohlockt.

16 *Darum opfert er auch seinem Netz*
und bringt seinem Garn Räucherwerk dar;
denn ihnen verdankt er seine fetten Bissen
und seine kräftige Nahrung.

17 *Darf er aber darum sein Netz beständig ausleeren*
und ohne Erbarmen Völker hinmorden?

DER UMGANG MIT DEM PROBLEM

Es ist für einen Christen nicht nur wichtig, etwas von dem zu verstehen, was in der Welt vor sich geht, sondern auch die Bedeutung der Ereignisse zu verstehen. In unserer Zeit ist die Gemeinde mit ernsten Gefahren konfrontiert, und wenn sie nicht wachsam ist, könnte sie wie das alte Israel politische Bündnisse eingehen, um zu versuchen, gerade das abzuwehren, was Gott angeordnet hat. Es ist wichtig, dass die Gemeinde die Ereignisse nicht aus politischer Perspektive betrachtet, sondern lernt, sie geistlich zu interpretieren und sie im Licht der Anweisungen Gottes an sie zu verstehen.

Was für den natürlichen Menschen völlig abscheulich und sogar katastrophal ist, kann genau das sein, was Gott benutzt, um uns zu züchtigen und uns wieder in die richtige Beziehung zu Ihm zu bringen. Wir dürfen also keine voreiligen Schlüsse ziehen.

Die Notwendigkeit der richtigen Methode

Die meisten Probleme und Verwirrungen im Christenleben erwachsen aus einer falschen Herangehensweise. Dabei ist der rechte Ansatz für die Lösung eines Problems viel wichtiger, als dass wir fertige Antworten auf bestimmte Probleme haben. Wir Menschen wollen meistens eine klare Antwort auf eine spezielle Frage; aber die Heilige Schrift kommt diesem Wunsch nicht immer nach. Sie lehrt uns jedoch, auf welche Art wir zu einer Antwort kommen können.

Wir geraten leicht in Panik und ziehen falsche Schlüsse, wenn etwas Unerwartetes geschieht und wenn Gott auf eine seltsame und ungewöhnliche Weise mit uns verfährt. In Psalm 73 werden wir auf die Gefahr unbedachten Redens hingewiesen. Als der Psalmist gewisse Missstände sah, rief er aus: *»Ganz umsonst habe ich mein Herz rein erhalten und meine Hände in Unschuld gewaschen« (V. 13).* Hatte es denn noch irgendeinen Sinn, am Glauben festzuhalten? Doch plötzlich richtete er sich auf und sprach: *»Wenn ich gesagt hätte: ›Ich will ebenso reden!‹ …« (V. 15),* als er erkannte, dass er unüberlegt gesprochen hatte. Er hatte zu sprechen begonnen, ohne wirklich nachzudenken.

In jeder solchen Situation müssen wir den richtigen Weg zum Handeln finden. Das Problem kann uns persönlich betreffen, es kann uns auf nationaler Ebene betreffen, oder es kann uns im größeren Rahmen der weltgeschichtlichen Ereignisse als Bürger dieser Welt betreffen. Untersuchen wir also sorgfältig dieses vortreffliche Beispiel des rechten Ansatzes, von dem es in der Schrift so viele gibt.

Die Beschreibung der Methode

Innehalten und nachdenken

Die erste Regel lautet: Denken statt reden. *»Jeder Mensch [sei] schnell zum Hören, langsam zum Reden, langsam zum Zorn«*, sagt Jakobus (Jak. 1,19). Unser Problem ist, dass wir schnell zum Reden sind, schnell zum Zorn, aber langsam zum Denken. Laut dem Propheten muss man jedoch zuallererst einmal überlegen. Bevor wir unsere Reaktionen zum Ausdruck bringen, müssen wir uns disziplinieren und nachdenken. Es mag überflüssig erscheinen, dies zu betonen, und doch wissen wir alle, dass wir gerade hier am häufigsten Fehler machen.

Rückbesinnung auf grundlegende Prinzipien

Die nächste Regel lautet: Bei unseren Überlegungen dürfen wir nicht direkt mit unserem anstehenden Problem beginnen. Wir müssen weiter ausholen. Am besten wenden wir die Strategie der indirekten Annäherung an – ein bekanntes Prinzip in der militärischen Taktik. Der eigentliche Feind im zweiten Weltkrieg beispielsweise war Deutschland; doch die Alliierten begannen, Deutschland in Nordafrika zu besiegen – eine Strategie der indirekten Annäherung. Eine solche Strategie ist mitunter auch für das geistliche Leben von entscheidender Bedeutung, besonders wenn wir es mit einem Problem wie dem unseren zu tun haben. Wir müssen mit unserem Denken weiter ausholen und uns einen indirekten Zugang verschaffen.

Zuerst müssen wir uns an die Dinge erinnern, deren wir uns absolut sicher sind, die völlig außer Zweifel stehen. Wir sollten sie aufschreiben und uns sagen: »In dieser furchtbaren und verwirrenden

Lage, in der ich mich momentan befinde, habe ich wenigstens hier festen Boden unter den Füßen!« – Wenn man auf einer Moorlandschaft oder über einen Gebirgszug wandert und auf Sümpfe stößt, dann kann man sie nur überqueren, wenn man festen Grund findet, auf den man seine Füße stellen kann. Man muss an solchen Stellen, wo man zu versinken droht, nach sicherem Halt suchen. Ebenso muss man bei geistlichen Problemen auf die ewigen und unumstößlichen Prinzipien zurückgreifen. Der psychologische Effekt ist offensichtlich. Denn sobald wir uns auf die grundlegenden Prinzipien zurückbesinnen, lässt das Gefühl der Panik nach. Es ist eine großartige Sache, seine Seele mit dem zu beruhigen, was völlig außer Frage steht!

Anwendung der Prinzipien auf das Problem

Wenn wir das getan haben, folgt der nächste Schritt. Nun können wir unser spezielles Problem im Zusammenhang mit diesen festen Prinzipien betrachten, die wir vor Augen haben. Denn richtig gelöst werden kann ein Problem nur, wenn es im rechten Zusammenhang gesehen wird. Ein schwieriger Bibeltext kann am besten dadurch interpretiert werden, dass man seinen Kontext beachtet. Wie oft verstehen wir eine biblische Aussage falsch, weil wir einen Satz aus dem Zusammenhang gerissen haben. Wenn wir den schwierigen Text aber im Zusammenhang lesen, erklärt er sich oft von selbst. Genauso ist es auch mit dem speziellen Problem, das uns Sorge bereitet.

Das Problem Gott im Glauben anvertrauen

Damit sind wir beim letzten Schritt dieser Methode angelangt. Wenn wir immer noch keine klare Antwort gefunden haben, dann sollten wir das Ganze im Gebet Gott übergeben und bei Ihm belassen. So hat es auch der Prophet in Kapitel 1,13 gemacht. Wie aus den Versen 12 und 13 hervorgeht, war er offensichtlich immer noch ratlos; darum brachte er das Problem zu Gott und ließ es dort.

Wenn wir erst einmal die richtige Methode gefunden haben, können wir sie auf jedes Problem anwenden: auf Gottes rätselhaftes Handeln gegenüber einem Volk, auf Probleme in der Welt, oder auch auf persönliche Schwierigkeiten. Was auch immer das Problem ist – wir sollten innehalten und nachdenken, uns auf grundlegende biblische Prinzipien besinnen, sie in den entsprechenden Zusammenhang bringen und dann, wenn es uns immer noch Schwierigkeiten bereitet, das Problem zu Gott bringen und bei Ihm belassen.

DER WEG AUS DER RATLOSIGKEIT

Wir wollen beobachten, wie der Prophet diese Methode auf die beiden Hauptprobleme anwendet, die ihn beunruhigten: ***die scheinbare Schwachheit und Niederlage Gottes und die Frage, wie denn Gott Seinen Einsatz des chaldäischen Heeres mit Seinem heiligen Charakter in Einklang bringen kann.***

Gott erkennen

Damals fragten die Leute:

- Warum ließ Gott es zu, dass das chaldäische Heer sich so verhielt, wie es wollte, und dann auch noch mit solch verheerenden Folgen?
- War Er etwa hilflos angesichts dieser feindlichen Macht?

Noch immer fragen die Leute:

- Warum ließ Gott es zu, dass die Bibelkritik und andere lähmende Einflüsse Einzug hielten?

- Warum duldet Er solche Dinge?
- Warum greift Er nicht ein?
- Ist es etwa so, dass Er es nicht verhindern kann?

Oder noch einmal:

- Warum lässt Gott Kriege und andere Krisen zu?

Gott ist ewig

Nachdem der Prophet seine Notlage geschildert hat, fragt er: *»Bist Du nicht von alters her, HERR, mein Gott, mein Heiliger?« (Hab. 1,12; ELB).* Man sieht schon, dass er auf einen Grundsatz zurückgreift. Für einen Augenblick vergisst er das eigentliche Problem und fragt sich, wessen er sich in Bezug auf Gott sicher ist.

Das erste ist, dass Gott *»von alters her«* existiert. Gerade erst hatte er gesagt (V. 11), dass die Chaldäer im Rausch des Erfolgs ihre Macht ihrem Gott zuschrieben; doch noch während er das sagte, begann er nachzudenken: »Ihr Gott – was ist ihr Gott überhaupt? Doch bloß etwas, das sie selbst gemacht haben. Dieser ihr Bel ist ihr eigenes Werk«

(vgl. Jes. 46). Und während er so dachte, erinnerte er sich an etwas, von dem er überzeugt war: Mein Gott ist der ewige Gott, der immerwährende Gott, von Ewigkeit zu Ewigkeit. Er ist nicht wie die Götter, die die Menschen anbeten; Er ist nicht wie der Gott des stolzen chaldäischen Heeres. Er ist Gott von Ewigkeit zu Ewigkeit, der ewige Gott.

Wenn man von den Problemen der Geschichte bedrängt wird und sich fragt, was in der Welt geschieht, dann gibt es nichts Tröstlicheres und Beruhigenderes, als sich daran zu erinnern, dass der Gott, den wir anbeten, außerhalb des Wandels der Geschichte steht. Er existierte bereits, ehe die Weltgeschichte begann; Er ist es, der die Geschichte geschaffen hat. Sein Thron steht über der Welt und außerhalb der Zeit. Er regiert in Ewigkeit, der ewige Gott.

Gott existiert aus sich Selbst heraus

Dann fügt er noch etwas hinzu: *»Bist Du nicht von alters her, HERR …?«* Er gebraucht dabei den großen Namen Jahwe: *»Bist Du nicht von alters her, Jahwe …?«* Dieser Name sagt uns, dass Gott der aus sich Selbst existierende Eine ist, der ewige Ich-Bin.

»Gott sprach zu Mose: ›*Ich bin, der Ich bin!*‹ *Und Er sprach: So sollst du zu den Kindern Israels sagen:* ›*Ich bin*‹, *Der hat mich zu euch gesandt*« *(2.Mo. 3,14)*. Der Name »*Ich bin, der Ich bin*« bedeutet: Ich bin der Absolute, der aus sich Selbst heraus existierende Eine.

Wir stoßen hier auf einen zweiten maßgeblichen Grundsatz: Gott ist in keiner Weise von irgend etwas abhängig, das in der Welt geschieht, sondern Er existiert in sich Selbst. Er ist nicht nur *nicht* von der Welt abhängig, sondern Er hätte diese Welt auch nie erschaffen, wenn Er es nicht gewollt hätte. Die gewaltige Wahrheit über die Dreieinigkeit ist, dass in der Gottheit – Vater, Sohn und Heiliger Geist – ein ewig aus sich Selbst heraus existierendes Leben wohnt. Auch hierin liegt eine wunderbare Gewissheit: Ich bin sicher, dass Gott nicht von dieser Welt abhängig ist, sondern dass Er aus sich Selbst heraus existiert. Er ist Herr, Er ist Jahwe, der große Ich-Bin. Das Problem beginnt zu verblassen.

Gott ist heilig

Dann erinnert sich der Prophet daran, dass eine weitere absolute Größe Gottes Seine Heiligkeit ist. »*Bist*

Du nicht von alters her, HERR, mein Gott, mein Heiliger?« *Der* Prophet ist sich nicht nur der ewigen Existenz Gottes sicher, nicht nur Seiner Existenz aus sich Selbst heraus und Seiner Unabhängigkeit von allem und jedem, sondern auch dessen, dass Er der Heilige ist, ganz und gar, absolut gerecht und heilig, ein »verzehrendes Feuer« (5.Mo. 4,24; Hebr. 12,29). Davon ist Habakuk überzeugt, *»dass Gott Licht ist und in Ihm gar keine Finsternis ist« (1.Joh. 1,5).* Wenn man solche Schriftstellen liest, muss man sich fragen: »Kann denn dieser Herr der Erde etwas tun, was ungerecht ist?« So etwas ist undenkbar!

Gott ist allmächtig

Dann folgt ein weiterer Grundsatz des Propheten. Er fährt fort: *»Wir werden nicht sterben! HERR, zum Gericht hast Du ihn eingesetzt, und zur Züchtigung hast Du, o Fels, ihn bestimmt« (Hab. 1,12).* Der Ausdruck »Fels« bezüglich Gott vermittelt die Vorstellung von der Stärke und Allmacht Gottes. Der Gott, der die ganze Welt aus dem Nichts geschaffen hat, der sagte: *»Es werde Licht! Und es wurde Licht« (1.Mo. 1,3),* besitzt absolute Macht; Er hat eine unermessliche Kraft. Er ist der Fels.

Gott ist treu

Es gibt noch einen weiteren Grundsatz, den der Prophet in Bezug auf Gott aufstellt, der in vielerlei Weise der wichtigste im Hinblick auf das Problem ist, mit dem er konfrontiert ist. *»Bist Du nicht von alters her, HERR, mein Gott, mein Heiliger? Wir werden nicht sterben!«* Was ist die Bedeutung dieser Worte? *»Bist Du nicht … mein Gott, mein Heiliger? Wir werden nicht sterben!«* Er erinnert sich daran, dass Gott der Gott des Bundes ist. Obwohl Gott unabhängig und absolut ist, ewig, mächtig, gerecht und heilig, hat Er sich dennoch herabgelassen, einen Bund mit den Menschen zu schließen.

Er schloss einen Bund mit Abraham, auf den sich der Prophet hier bezieht, und Er erneuerte diesen Bund mit Isaak und Jakob. Er erneuerte ihn auch mit David. Es war dieser Bund, der Israel dazu berechtigte, sich an Gott zu wenden und zu sagen: *»mein Gott, mein Heiliger«*. Der Prophet erinnert sich daran, dass Gott zugesagt hatte: *»Ich will ihr Gott sein, und sie sollen Mein Volk sein« (Jer. 31,33; s. Hes. 37,23).*

Für jene heiligen Männer, die Propheten, und alle, die in Israel geistliche Einsicht besaßen, war diese Tatsache bedeutender als alles andere. Sie glaubten zwar an die ewigen Eigenschaften Gottes; aber der Gedanke, dass ein solcher Gott weit weg im Himmel sein und ihre Not nicht wahrnehmen könnte, mag sie abgeschreckt haben. Doch was Ihn mit ihnen verband, war das Wissen um Seine Treue, Seine Bundestreue. Gott hatte Sein Wort gegeben, und Er würde es niemals brechen. Im Gedenken an diesen Bund kann der Prophet also sagen: *»mein Gott, mein Heiliger«*, und darum fügt er hinzu: *»Wir werden nicht sterben!«* Was auch immer das chaldäische Heer unternehmen würde – es könnte Israel niemals ausrotten, denn Gott hatte dem gläubigen Volk Israel feste Zusagen gegeben, die Er niemals brechen konnte.

Nachdem der Prophet so seine Grundsätze dargelegt hat, geht er nun dazu über, sein spezielles Problem in den Kontext dieser absoluten und ewigen Prinzipien einzuordnen. Und dies ist es, was er sagt: *»HERR, zum Gericht hast Du ihn eingesetzt, und zur Züchtigung hast Du, o Fels, ihn bestimmt« (Hab. 1,12)*. Er gelangt zu seiner Antwort auf die Frage nach den Chaldäern, indem er wie folgt argumentiert: Gott muss sie zum Nutzen Israels erhöhen, dessen bin ich mir absolut sicher. Es ist nicht so, dass die Chaldäer das Ruder an sich gerissen hätten; es ist nicht so, dass Gott nicht in der Lage wäre, sie im Zaum zu halten. In Anbetracht meiner Grundsätze ist das unmöglich. Gott gebraucht sie vielmehr für Seine eigenen Zwecke *(s. Vers 12b: »Zum Gericht hast Du ihn eingesetzt, und zur Züchtigung hast Du, o Fels, ihn bestimmt«),* und Er führt diese Zwecke auch aus! Ich verstehe es zwar nicht ganz, aber ich bin mir ziemlich sicher, dass wir nicht ausgerottet werden. Dies wird nicht das Ende der Geschichte Israels sein, obwohl nach der Beschreibung anscheinend nur sehr wenige von uns übrigbleiben werden und wir in die Gefangenschaft geführt werden. Aber ein Überrest wird bleiben, denn der Allmächtige ist immer noch Gott, und Er gebraucht die Chaldäer, um etwas zu tun, was dem Zweck des Bundes entspricht. Gott gibt sich nicht geschlagen. Er wird nicht besiegt.

Gott tut dies,
weil Er so ist, wie Er ist,

und Er tut es,
um Sein eigenes großes Ziel zu erreichen.

Gottes Handeln verstehen

Doch nun zum zweiten Problem des Propheten: Wenn Gott allmächtig ist und die Ereignisse lenkt, bleibt die Frage, wie diese Geschehnisse sich mit Seinem heiligen Charakter vereinbaren lassen.

Wenn wir die Macht Gottes anerkennen und sehen, dass die Chaldäer nur Werkzeuge in Seinen Händen sind und dass ihr Erfolg nicht auf ihren eigenen Gott zurückzuführen ist, müssen wir immer noch fragen, wie ein heiliger Gott solche Dinge zulassen kann.

Habakuk wendet hier die gleiche Methode an wie zuvor.

Gott hasst Sünde und kann nichts Böses tun

Er beginnt mit der Aussage: »Dessen bin ich gewiss: *›Deine Augen sind so rein, dass sie das Böse nicht ansehen können; Du kannst dem Unheil nicht zuschauen‹ (Hab. 1,13).*« Er will damit sagen: Was auch immer ich sonst noch nicht weiß, so weiß ich doch, dass Gott das Böse nicht ansehen kann, ohne es gleichzeitig zu verabscheuen. Er hasst es. Alles Böse in der Welt ist Gott wegen Seiner Reinheit zutiefst zuwider. Er hat zu reine Augen, als dass Er das Böse mit Wohlgefallen betrachten könnte. Gott und das Böse sind auf ewig gegensätzlich. Alles, was ungerecht oder grausam ist, ist weit vom Charakter Gottes entfernt. Es kann keine Rede davon sein, dass es in Gott Ungerechtigkeit gibt. Nicht nur versucht Er niemanden; *»Gott kann [auch] nicht versucht werden zum Bösen« (Jak. 1,13). »Gott [ist] Licht, und in Ihm [ist] gar keine Finsternis« (1.Joh. 1,5).*

Nachdem der Prophet dies bekräftigt hat, wendet er sich sofort dem verwirrenden Problem zu: »Wenn das bei Dir der Fall ist, o Gott, *›warum siehst Du denn den Frevlern schweigend zu, während der Gottlose den verschlingt, der gerechter ist als er?‹ (Hab. 1,13).«* Wie konnte Gott zulassen, dass diese Chaldäer Seinem eigenen Volk so etwas antaten? Das eigene Volk des Propheten mochte zwar schlecht sein – aber die Chaldäer waren noch schlechter! Oder, in zeitgemäßer Art, wie es die Christen ausdrücken: »Ich gebe gern zu, dass die Gemeinde Jesu seit Jahren rückfällig geworden ist – aber unsere Gesellschaft ist doch völlig gottlos. Wie kann Gott also das zulassen, was hier geschieht?« Lasst es uns persönlicher formulieren. Die Menschen protestieren oft: »Ich gebe zu, dass ich nicht ganz so bin, wie ich sein sollte; aber der und der ist noch schlimmer, und doch hat er Erfolg!«

Was ist die Antwort darauf?

Vertraue das ungelöste Problem Gott an

In diesem speziellen Abschnitt der Prophezeiung wird keine Antwort gegeben. Auf seine erste Frage nach der Macht Gottes erhielt der Prophet eine positive Antwort; aber das Problem mit der Heiligkeit Gottes ist schwieriger. Nachdem er seine absoluten Grundlagen dargelegt und dann sein Problem in diesen Zusammenhang gestellt hatte, findet er immer noch keine klare Antwort. Nun ist es erfahrungsgemäß oft so: Man wendet dieselbe Methode an, die in anderen Fällen so gut funktioniert hatte, aber man erhält nicht sofort eine Antwort. – Was kann man in einem solchen Fall tun?

Auf keinen Fall sollten wir voreilige Schlüsse ziehen und sagen: »Weil ich es nicht verstehe, frage ich mich, ob Gott überhaupt gerecht ist!« Wenn wir es immer noch nicht verstehen, nachdem wir die von Gott gegebenen Methoden angewandt haben, dann sollten wir im Gebet mit Ihm darüber sprechen. Wir machen einen großen Fehler, wenn wir zuerst nur mit uns selbst und anschließend noch mit anderen Leuten darüber reden und fragen: »Warum ist das so? Ist das nicht seltsam?« Wir sollten stattdessen das tun, was der Prophet getan hat:

das Problem zu Gott bringen und es Ihm überlassen.

Das Vorbild des Sohnes Gottes

Ein Christ kann sich für eine Woche, für Monate oder für Jahre in einer solchen Lage befinden. Das ist schon oft geschehen! Aber überlassen wir dennoch unser Problem Gott!

So hat es nicht nur der Prophet gemacht; auch der Sohn Gottes hat die gleiche Haltung eingenommen, als Er in dieser Welt war. Er wurde für die Rettung der Menschen *»zur Sünde gemacht« (2.Kor. 5,21).* Er wusste, dass Ihn Sein Vater nicht nur aus den Händen der Juden, sondern auch aus denen der Römer hätte befreien können. Er hätte auch zwölf Legionen von Engeln befehligen und entkommen können. Aber wenn Er *»zur Sünde gemacht«* und die Sünde an Seinem Leib bestraft werden sollte, so bedeutete dies, dass Er von Seinem Vater getrennt werden musste. Der Sohn Gottes sah sich mit der größten Ratlosigkeit Seines menschlichen Lebens auf Erden konfrontiert. Das Einzige, wovor Er zurückschreckte, war die Trennung vom Vater. – Aber was tat Er in dieser Situation?

Genau das, was der Prophet tat: Er betete und sprach: »*Mein Vater! Ist es möglich, so gehe dieser Kelch an Mir vorüber; doch nicht wie Ich will, sondern wie Du willst!*« *(Mt. 26,39)*. Er sagte sinngemäß: »Ich verstehe es nicht, aber wenn es Dein Weg ist, dann gehe Ich ihn.« Er brachte das Problem, das Er nicht verstand, zu Gott und überließ es Ihm.

Wir können mit Ehrfurcht sagen, dass der Herr Jesus, obwohl Er vielleicht nicht alles verstand, weil Er ja Mensch geworden war, dennoch weiterging, im Vertrauen darauf, dass Gottes Wille immer richtig ist und dass der heilige Gott niemals etwas anordnen würde, was falsch ist.

KAPITEL 3

DAS WARTEN AUF GOTTES ANTWORT

Habakuk 2,1-3

1 *Auf meine Warte will ich treten*
und auf dem Turm mich aufstellen,
damit ich Ausschau halte und sehe,
was Er mir sagen wird
und was ich als Antwort weitergeben soll
auf meine Klage hin! –

2 *Da antwortete mir der HERR und sprach:*
Schreibe die Offenbarung nieder
und grabe sie in Tafeln ein,
damit man sie geläufig lesen kann!

3 *Denn die Offenbarung wartet noch*
auf die bestimmte Zeit,
und doch eilt sie auf das Ende zu
und wird nicht trügen.
Wenn sie sich verzögert, so warte auf sie,
denn sie wird gewiss eintreffen
und nicht ausbleiben.

Die Haltung des Glaubens

Nachdem der Prophet in Kapitel 1 Gott von seiner Ratlosigkeit berichtet hat, fährt er in Kapitel 2 fort: »*Auf meine Warte will ich treten und auf dem Turm mich aufstellen, damit ich Ausschau halte und sehe, was Er mir sagen wird und was ich als Antwort weitergeben soll auf meine Klage hin!*« *(Hab. 2,1).* Der letzte Satzteil kann bedeuten:

> »… was ich antworten soll,
> wenn ich von denen zurechtgewiesen werde,
> denen meine Botschaft nicht gefällt«,

oder:

> »… wenn ich von Gott für das,
> was ich gesagt habe, zurechtgewiesen werde«,

oder:

> »… was Er zu mir sagen wird,
> wenn Er auf meine Klage antwortet.«

Aber das Wichtigste ist, dass Habakuk jetzt erkennt, dass das Harren auf Gott das Einzige ist, was zu tun ist. Es genügt nicht, nur zu beten, Gott unsere Ratlosigkeit mitzuteilen und unsere Last auf den Herrn zu werfen. Wir müssen darüber hinaus auch auf Gott harren.

Übergib Gott dein Problem

Was bedeutet das in der Praxis? Zunächst einmal müssen wir uns von dem Problem loslösen. Die Worte des Propheten legen diese Deutung nahe, indem sie einen Turm auf einer hohen Erhebung beschreiben, der einen weiten Blick und eine großartige Aussicht gewährt, wie sie von militärischen Beobachtern genutzt wird, um die Ankunft eines Feindes vorauszusehen. Der Wächter steht weit über dem Erdboden und den Menschenmassen und hat einen Aussichtspunkt, von dem aus er alles sehen kann, was geschieht. »*… damit ich Ausschau halte und sehe, was Er mir sagen wird*«, sagt der Prophet.

Wir stoßen hier auf einen der wichtigsten Grundsätze in der Lehre über die Seele des Christen oder im Verständis, wie man in einem geistlichen Konflikt kämpft:

Sobald wir ein Problem zu Gott gebracht haben, sollten wir uns nicht länger damit beschäftigen.

Wir sollten ihm vielmehr den Rücken kehren und unseren Blick ganz auf Gott richten.

Aber ist das nicht genau der Punkt, an dem wir immer wieder scheitern? Wir sind ratlos, und wir haben die oben beschriebene Methode des Propheten angewandt, indem wir die Grundsätze formuliert und das Problem in den Kontext der von uns aufgestellten Grundsätze eingeordnet haben. Aber wir sind immer noch nicht zufrieden, und wir wissen nicht recht, was wir tun sollen. Es kann sich um die Frage handeln, was wir mit unserem Leben anfangen sollen, oder es kann sich um eine Situation handeln, die uns eine schwierige Entscheidung abverlangt. Wenn wir keine Lösung finden, obwohl wir die Führung des Heiligen Geistes suchen, dann bleibt uns nichts anderes übrig, als das Problem im Gebet Gott anzuvertrauen. Doch häufig geschieht Folgendes: Wir gehen auf die Knie und sagen Gott, was uns Sorgen bereitet; wir sagen Ihm, dass wir die Schwierigkeit nicht selbst lösen können, dass wir sie nicht verstehen; und wir bitten Ihn, sich darum zu kümmern und uns Seinen Weg zu zeigen. Doch in dem Moment, in dem wir von den Knien aufstehen, beginnen wir sofort wieder, uns mit demselben Problem herumzuschlagen.

Dann aber hätten wir gar nicht erst zu beten brauchen. Wenn wir unser Problem zu Gott bringen, dann müssen wir es auch bei Ihm lassen. Wir haben kein Recht dazu, noch länger darüber zu grübeln.

In seiner Ratlosigkeit sagt sich Habakuk: »Ich will aus diesem finsteren Tal herauskommen; ich steige auf die Warte; ich will auf Gott schauen, auf Ihn allein.« Das ist eines der bedeutendsten Geheimnisse des Christenlebens!

Wenn du dein Problem Gott anvertraut hast und weiter darüber nachdenkst, bedeutet dies, dass deine Gebete nicht echt waren. Wenn du Gott auf deinen Knien gesagt hast, dass du in eine Sackgasse geraten bist, dass du dein Problem nicht lösen kannst und dass du es Ihm übergibst, dann überlasse es Ihm. Weigere dich entschlossen, weiter darüber nachzudenken oder mit anderen darüber zu reden. Gehe nicht zu dem erstbesten Christen, den du triffst, um ihm zu sagen: »Weißt du, ich habe ein furchtbares Problem; ich weiß nicht, was ich tun soll.« Diskutiere nicht darüber. Überlasse es Gott und steige auf die Warte. Das mag uns nicht leichtfallen, und vielleicht müssen wir uns fast gewaltsam dazu zwingen, dies zu tun. Dennoch ist es unerlässlich. Niemals dürfen wir zulassen, dass wir in einer Schwierigkeit versinken, dass wir von dem Problem eingeschlossen werden. Wir müssen uns direkt aus dem Problem befreien und mit dem Propheten sagen: *»Auf meine Warte will ich treten und auf dem Turm mich aufstellen …« (Hab. 2,1).* Wir müssen uns da bewusst herausretten, uns sozusagen aus dem Problem herausziehen, uns ganz von ihm lösen und dann unseren Blick auf Gott richten – nicht auf das Problem.

In der Heiligen Schrift selbst und in den Biografien von Christen finden sich unzählige Beispiele für dieses wichtige Prinzip des Glaubenslebens. Auf Gott zu schauen bedeutet, sich nicht selbst um das Problem zu kümmern, keine anderen Menschen deswegen zu Rate zu ziehen, sondern sich ganz auf Gott zu verlassen und nur auf Ihn zu harren.

Habakuk schaute auf dieses Problem, aber er fand keinen Lichtblick. Er sah sich mit der Tatsache konfrontiert, dass Gott diese schrecklichen Chaldäer, ein Volk, das noch schlimmer war als Sein eigenes Volk, für Seine eigenen Zwecke gebrauchen wollte. Das konnte er einfach nicht verstehen, geschweige denn mit der Heiligkeit Gottes vereinbaren. Was er aber konnte und auch tat, war, das alles vor Gott zu bringen. Nachdem er dies getan hatte, schaute er auf Ihn und hörte auf, seine Schwierigkeit zu betrachten.

Hier liegt die wahre Grundlage geistlichen Friedens. Das ist genau das, was Paulus im Philipperbrief schreibt: *»Sorgt euch um nichts!« (Phil. 4,6a)*. Ganz egal, was für Gründe wir haben: Wir brauchen uns niemals zu ängstigen oder mit Sorgen zu belasten oder zu zermürben; wir haben dazu keine Ursache. Wir haben kein Recht, beunruhigt zu sein; wir dürfen niemals dieses ängstliche Sorgen zulassen, das uns nicht nur geistlich lähmt, sondern auch körperlich schwächt.

> *»… sondern in allem lasst durch Gebet und Flehen mit Danksagung eure Anliegen vor Gott kundwerden« (V. 6b).* Dann wird *»der Friede Gottes, der allen Verstand übersteigt, … eure Herzen und eure Gedanken bewahren in Christus Jesus!« (V. 7).*

Steig auf deine Warte und halte einfach beharrlich nach Gott Ausschau. Schau auf nichts anderes, am wenigsten auf dein Problem!

Erwarte eine Antwort von Gott

Aber wir müssen weitergehen und nach der Antwort Ausschau halten. »*... damit ich Ausschau halte*«, sagt Habakuk. Die Aufgabe des militärischen Wachdienstes ist es, die Gegend vor ihm auf das kleinste Anzeichen einer feindlichen Bewegung zu beobachten. So hält Habakuk Ausschau nach der Antwort. Wir scheitern so oft, weil wir nur flüchtig zu Gott beten und das Ganze dann wieder vergessen. Wenn wir zu Gott beten, dann müssen wir auch Antworten auf unsere Gebete erwarten. Schauen wir tatsächlich, nachdem wir gebetet haben, weiterhin zu Gott auf und warten sehnsüchtig auf die Antwort? Sind wir wie dieser Mann auf seinem Turm und erwarten, dass die Antwort jeden Moment kommt?

Gott kann natürlich auf ganz unterschiedliche Arten antworten. Wir können zum Beispiel damit rechnen, dass Gott uns antwortet, während wir Sein Wort lesen; denn das ist die häufigste Art und Weise, in der Er dies tut. Während wir die Schrift lesen, wird plötzlich ein wunderbares Licht auf unser Problem geworfen. Wenn du zu dir sagst: »Dies ist das Wort Gottes, durch das Er zu den Menschen redet, und ich frage mich, was Er mir persönlich zu sagen hat«, dann wirst du wahrscheinlich deine Antwort erhalten. Schau danach aus und warte auf sie.

Dann antwortet Gott manchmal direkt durch den Heiligen Geist in uns. Der Prophet sagte: *»… damit ich Ausschau halte und sehe, was Er mir sagen wird.«* Gott spricht zu uns, indem Er uns an Seine Gebote und Prinzipien erinnert und uns Klarheit schenkt, wie wir diese auf unser Problem anwenden sollen. Er lenkt unsere Gedanken darauf, und wir können uns nicht mehr von einem bestimmten Eindruck lösen, der sich in unserem Herzen festgesetzt hat; wir versuchen, ihn loszuwerden, aber er kommt immer wieder. Auch auf diese Art antwortet Gott mitunter.

Andererseits erhört Er manchmal unsere Gebete, indem Er unsere Umstände und die alltäglichen Begebenheiten so vorsorglich ordnet, dass daraus ganz klar wird, was Gott uns sagen will. Gott ruft uns nie zu einer bestimmten Arbeit auf, ohne uns die entsprechende Tür zu öffnen. Er mag sich vielleicht viel Zeit lassen, aber wenn Gott möchte, dass wir eine besondere Aufgabe erledigen, dann wird Er andere Türen vor uns schließen und diese bestimmte öffnen. Unser ganzes Leben wird auf dieses Ziel ausgerichtet sein; das ist eine allgemeine Erfahrung im Christenleben. Gott lässt es oft zu, dass Hindernisse auftreten; aber der vor uns liegende Weg bleibt doch klar. Gottes Wille ist eindeutig. Wir müssen nach diesen Antworten Ausschau halten und bereit sein, sie anzuerkennen, wenn sie eintreffen.

Wenn wir also unser Problem Gott anvertrauen, dann sollten wir auch von Ihm eine Antwort erwarten. Wir sollten darüber hinaus die verschiedenen Hinweise auf Seine Führung, die wir erhalten, miteinander vergleichen; denn wenn Gott in Seinem Umgang mit uns immer mit sich Selbst übereinstimmt, dann können wir erwarten, dass alle Hinweise miteinander übereinstimmen.

Gib acht und warte auf die Antwort

Der dritte und letzte Grundsatz, der uns veranschaulicht wird, ist, dass wir wie jener Wächter auf seinem Turm eifrig und beharrlich Ausschau halten sollen. Wir müssen glauben, dass Gott immer zu Seinem Wort steht, und dass Seine Verheißungen nie hinfällig werden. Nachdem ich mich und mein Problem Gott anvertraut habe, muss ich also beharrlich und mit Eifer Ausschau halten, weil ich weiß, dass Er mit Sicherheit antworten wird. Dies nicht zu tun, wäre entehrend für Ihn.

Wenn ich glaube, dass Gott mein Vater ist und dass die Haare auf meinem Haupt alle gezählt sind, und dass Er viel mehr um mein Wohlergehen und meine Gesundheit besorgt ist als ich selbst; wenn ich glaube, dass Gott viel mehr an der Ehre Seines großen und heiligen Namens gelegen ist als mir, dann ist es sicherlich entehrend für Ihn, nicht nach einer Antwort zu suchen, nachdem ich zu Ihm gebetet habe. Das zeugt von einem ernsten Mangel an Glauben. Denn an nichts lässt sich der Charakter unseres Glaubens so gut erkennen wie an unserem Verhalten und unserer Haltung, *nachdem* wir gebetet haben. Die Männer des Glaubens haben nicht nur gebetet, sondern sie haben auch vom Herrn eine Antwort erwartet. Manchmal beten wir in panischer Angst zu Gott, doch wenn die Panik vorbei ist, vergessen wir es wieder. Der Test für unseren Glauben ist, ob wir eine Antwort erwarten. Der Prophet hielt Wache und stellte sich auf seinen Turm. Obwohl er Gottes Handeln nicht verstehen konnte, brachte er das Problem vor Ihn und hielt dann Ausschau nach einer Antwort.

Der Glaube wird belohnt

Die Verse 2 und 3 des zweiten Kapitels enthalten die Antwort, die Habakuk gegeben wurde: »*Da antwortete mir der HERR und sprach: Schreibe die Offenbarung nieder und grabe sie in Tafeln ein, damit man sie geläufig lesen kann! Denn die Offenbarung wartet noch auf die bestimmte Zeit, und doch eilt sie auf das Ende zu und wird nicht trügen. Wenn sie sich verzögert, so warte auf sie, denn sie wird gewiss eintreffen und nicht ausbleiben.*«

Diese Lektion ist von unschätzbarem Wert. Es ist ein absolut zuverlässiges Gesetz im geistlichen Bereich, dass Gott Seine Verheißungen stets erfüllen wird, wenn wir uns Habakuks Methode aneignen und uns so verhalten, wie er sich verhalten hat. Der Herr sagt gleichsam: »Es ist schon gut, Habakuk. Ich habe dein Gebet vernommen und verstehe, warum du so ratlos bist. Hier ist Meine Antwort:

Die Chaldäer, die Ich zur Bestrafung Israels heranziehen werde, werden dann ihrerseits vollständig geschlagen und vernichtet werden.« Die Macht der Chaldäer würde nur von kurzer Dauer sein. Es war Gott Selbst, der sie zu einem bestimmten Zweck erhoben hatte; sie aber nahmen den Ruhm für sich selbst in Anspruch und wurden aufgeblasen in dem Gefühl ihrer eigenen Stärke. Da schlug der Herr zu und erhob die Meder und Perser, welche die Chaldäer gänzlich vernichteten. Gott befahl dem Propheten, diese Weissagung so klar und deutlich niederzuschreiben, dass jeder, der sie las, sie sofort verstehen und sich aufmachen konnte, um sie zu befolgen und andere zu warnen.

Das eigentliche Wesen der Prophetie

Wir kommen nun zu dem Themenbereich der Prophetie im Allgemeinen zu sprechen. Wenn wir uns unserem derzeitigen Problem über das Wesen der Geschichte und der biblischen Geschichtsphilosophie zuwenden, ist es von allergrößter Wichtigkeit, das eigentliche Wesen der Prophetie zu verstehen.

Prophetische Reden nehmen in der Bibel einen weiten Raum ein. Es gibt sicherlich nichts, was dem Gläubigen mehr Trost und Erleichterung bringt, als das Wesen der Prophetie zu verstehen. Die Prophetie ist von grundlegender Bedeutung für die Lehre der Bibel über die Offenbarung Gottes an den Menschen. Darum haben sich im Laufe der vergangenen hundert Jahre die Angriffe auf den wahren christlichen Glauben im Allgemeinen auf dieses Thema konzentriert. Der Unglaube ist immer kritisch gegenüber der Prophetie.

Ebenso ist die Lehre der Heiligen Schrift über die Wunder der Bibel der Dreh- und Angelpunkt für die gesamte Position des wahren Glaubens. Folglich war der Rationalismus sehr darauf bedacht, sowohl die biblische Sicht der Prophetie als auch die Wunder der Bibel zu leugnen, da diese die höchsten Manifestationen des übernatürlichen Elements in der Geschichte und in der Bibel sind.

Sie ist die Offenbarung Gottes an die Menschen

Die Prophetie wird im Buch Habakuk also zunächst einmal als etwas erklärt, das dem Menschen von Gott offenbart *wird. »Schreibe die Offenbarung nieder und grabe sie in Tafeln ein …« (V. 2).* Gott offenbarte Habakuk, was geschehen würde; eine Vorstellung, die Rationalisten völlig widerstrebt, und trotzdem bezeichnen sich einige von ihnen als Christen und bekleiden mitunter sogar leitende Positionen in Bibelschulen, Missionsgesellschaften, Verlagen, Kirchen usw. Ihre Erklärung der Prophetie ist, dass die alttestamentlichen Propheten einfach Männer mit politischem Genie und einer besonders klaren Einsicht in die Situation waren. Sie bestreiten die Vorstellung, dass Gott diesen Männern überhaupt etwas offenbart habe. Sie behaupten, dass die Propheten tiefgründige politische Denker gewesen seien, große Philosophen oder Männer mit intuitiver, fast instinktiver Einsicht in die Verhältnisse. Sie geben natürlich zu, dass die Propheten ganz außergewöhnliche Menschen waren, meinen aber, dass sie einfach, wie Dichter, eine besonders klare Einsicht besaßen. Sie erkannten den inneren Sinn der Ereignisse und schrieben nieder, was sie sahen.

Diese Anschauung entspricht allerdings nicht der Lehre der Heiligen Schrift, die deutlich macht, dass das Wesen der Prophetie darin besteht, dass

Gott einen bestimmten Menschen ergriffen und ihm eine Botschaft gegeben hat. Der Herr sagte zum Beispiel gleichsam zu Habakuk: »Du hast Mir dein Problem vorgelegt, und Ich werde dir eine Antwort geben.« – Das war eine göttliche Offenbarung.

In 2. Petrus. 1,20 heißt es eindeutig, *»dass keine Weissagung der Schrift von eigenmächtiger Deutung ist«* – das heißt, dass sie nicht etwas ist, was sich der Mensch selbst ausdenkt oder erahnt oder ersinnt! Eine Prophezeiung entspringt nicht dem menschlichen Geist. Prophetie entstand dadurch, dass heilige Männer sprachen, während sie vom Heiligen Geist bewegt oder geleitet wurden. Petrus wollte die Christen trösten, die (wie Habakuk oder wie wir heute) über die Ereignisse um sie her verwirrt waren, und er bat sie eindringlich, dem Wort der Weissagung besondere Aufmerksamkeit zu schenken. *»So halten wir nun fest an dem völlig gewissen prophetischen Wort« (2.Pt. 1,19).* Sie sollten verstehen, was mit Prophetie gemeint war. Es war nicht etwas, was die Propheten des Alten Testaments sich selbst ausgedacht hatten, sondern was ihnen vom Heiligen Geist eingegeben wurde, um es an andere weiterzugeben. Prophetie ist keine eigene Deutung von Ereignissen, sondern Gott offenbart dem Menschen die Wahrheit.

Sie ist eine Voraussage von Ereignissen

Ein zweites Element, das in der Prophetie enthalten ist, ist die Voraussage. Auch hiergegen erheben die Kritiker Einspruch. Sie würden Prophetie nicht als Voraussage definieren, sondern nur als eine Art »Vorankündigung« oder als eine Form der Lehre.

Natürlich ist Prophetie eine Vorankündigung und eine Form der Lehre; doch eine wesentliche Tatsache bei dieser Form der Lehre ist, dass der Prophet voraussagt, was in der Zukunft geschehen wird.

Gott sagte Habakuk zwei Dinge voraus, lange bevor sie eintraten: dass Er die Chaldäer erhöhen würde, und dass sie, nachdem sie Israel erobert und eine globale Vormachtstellung erlangt hatten, plötzlich vernichtet würden. Wir müssen darauf bestehen, dass solche grundlegenden Ereignisse den Propheten, die Gott von Zeit zu Zeit zur Warnung und Zurechtweisung Israels berief, im Voraus offenbart wurden.

Sie wird gewiss eintreffen

Es gibt noch ein weiteres Element, das für den Gläubigen von höchstem Trost ist: Die Erfüllung der Weissagung ist gewiss. *»Schreibe die Offenbarung nieder und grabe sie in Tafeln ein ...! Denn die Offenbarung wartet noch auf die bestimmte Zeit ...« (Hab. 2,2-3a).* Die vorausgesagten Ereignisse werden mit Sicherheit zu Seiner – zu Gottes – Zeit eintreffen. Und wenn es noch so lange dauert, wartet es ab. *»Wenn sie sich verzögert, so warte auf sie, denn sie wird gewiss eintreffen und nicht ausbleiben« (V. 3b).* Es mag dauern und sich verzögern, doch nichts kann die Erfüllung verhindern oder vereiteln; *»sie wird gewiss eintreffen«,* sagte Gott. Man muss es dem Volk sagen. Was der Herr verheißen hat, wird Er auch ganz sicher erfüllen. In allen biblischen Weissagungen klingt ein Grundton völliger Endgültigkeit mit.

Sie erfüllt sich exakt

Das letzte Element einer Prophezeiung – vielleicht das wunderbarste von allen – ist ihre Genauigkeit. *»Schreibe die Offenbarung nieder und grabe* *sie in Tafeln ein, damit man sie geläufig lesen kann! Denn die Offenbarung wartet noch auf die bestimmte Zeit, und doch eilt sie auf das Ende zu und wird nicht trügen« (Hab. 2,2-3a).*

Die Zeit für ihre Erfüllung ist festgelegt. Der genaue Zeitpunkt wird vom Herrn bestimmt. Es wird nicht zu spät sein. Das ist ein sehr wichtiger Grundsatz im Zusammenhang mit der Prophetie. Gott sagt nicht nur voraus, was geschehen wird, und offenbart es Seinem Knecht und erinnert ihn daran, dass dies auch unabänderlich feststeht, sondern Er fügt hinzu, dass das Ereignis genau zum festgelegten Augenblick eintreten, und nicht einen Bruchteil einer Sekunde zu spät kommen wird.

Wenn wir in diesen schwierigen Zeiten, in denen wir leben, die Ruhe bewahren und sogar Freude empfinden wollen, dann ist es von entscheidender Bedeutung, dass wir jene großen Grundregeln göttlicher Prophezeiung begreifen. Das Alte Testament ist voll davon. Beachte, wie Gott die Sintflut vorausgesagt hatte! Hundert Jahre verstrichen, und nichts schien unwahrscheinlicher zu sein. Die Leute lachten über Noah, weil er mit der Sintflut rechnete. Aber zur bestimmten Zeit kam sie.

So war es auch mit Sodom und Gomorra. Es gab einen von Gott vorherbestimmten Zeitpunkt, und als es schließlich soweit war, handelte Er.

Das eindrucksvollste Beispiel findet sich im Leben Abrahams. In 1. Mose 15 sagt Gott zu ihm:

> *»Du sollst mit Gewissheit wissen, dass dein Same ein Fremdling sein wird in einem Land, das ihm nicht gehört; und man wird sie dort zu Knechten machen und demütigen 400 Jahre lang. Aber auch das Volk, dem sie dienen müssen, will Ich richten; und danach sollen sie mit großer Habe ausziehen« (V. 13-14).*

In 2. Mose 12,40-41 lesen wir dann:

> *»Die Zeit aber, welche die Kinder Israels in Ägypten gewohnt hatten, betrug 430 Jahre. Und es geschah, als die 430 Jahre verflossen waren, ja, es geschah an eben diesem Tag, da zog das ganze Heer des HERRN aus dem Land Ägypten.«*

Wie genau erfüllte sich die Weissagung! An eben diesem Tag! Auch im Fall von Habakuk würde es nicht eine Sekunde Verzögerung geben. Gott hat den Zeitpunkt genau bestimmt.

Dann wurde dem Propheten Jeremia offenbart, dass sein Volk genau siebzig Jahre in Babylon festgehalten werden sollte, an deren Ende das Volk zurückgeführt würde.

DARUM WARTE AUF GOTT.

Er wird dir sicher die Antwort schicken.
Alles, was Er bestimmt hat,
wird mit Sicherheit und ganz gewiss
eintreten, und zwar genau zu
der Zeit, die Er dafür vorgesehen hat.

Für die Christen von heute, die angesichts so vieler Ereignisse in der Gemeinde Jesu und der Welt verunsichert sind, ist dies nach wie vor die Antwort Gottes. Ihm ist nicht nur der gesamte zukünftige Lauf der Geschichte bekannt – und Sein Vorsatz für die Gemeinde ist eindeutig klar –; sondern das, was Er beschlossen hat, wird mit Sicherheit eintreten. Es mag mitunter schwierig sein, die Verzögerung zu verstehen. Doch wir müssen uns an 2. Petrus 3,8 erinnern:

> *»Dieses eine aber sollt ihr nicht übersehen,*
> *Geliebte, dass* ***ein*** *Tag bei dem Herrn*

ist wie tausend Jahre,
und tausend Jahre wie ***ein*** *Tag!«*

Warte auf die Weissagung; sie ist gewiss, sie ist sicher; sie kann niemals fehlschlagen.

KAPITEL 4

DURCH GLAUBEN LEBEN

Habakuk 2,4-20

4 *Siehe, der Vermessene –*
unaufrichtig ist seine Seele in ihm;
der Gerechte aber wird durch seinen Glauben leben.

5 *Und dazu kommt noch, dass der Wein tückisch ist.*
Der übermütige Mann wird nicht bleiben;
er, der seinen Rachen weit aufgesperrt hat
wie das Totenreich und unersättlich ist wie der Tod,
dass er alle Völker zu sich sammeln
und alle Nationen an sich ziehen will.

6 *Werden nicht diese alle einen Spruch*
über ihn anheben und ein Spottlied in Rätseln
auf ihn anstimmen?
Man wird sagen: Wehe dem, der sich bereichert
mit dem, was ihm nicht gehört – wie lange noch? –,
und der sich mit Pfandgut beschwert!

7 *Werden nicht plötzlich die aufstehen,*
die dich beißen werden, und die aufwachen,
die dich wegjagen werden,
sodass du ihnen zur Beute wirst?

8 *Denn wie du viele Völker geplündert hast,*
so sollen alle übrig gebliebenen Völker
dich plündern wegen des vergossenen
Menschenblutes und wegen der Vergewaltigung des
Landes, der Stadt und aller ihrer Bewohner!

9 *Wehe dem, der ungerechten Gewinn macht für*
sein Haus, um dann sein Nest in der Höhe anzulegen
und sicher zu sein vor dem Unglück!

10 *Du hast beschlossen,*
was deinem Haus zur Schande gereicht,
[nämlich] die Vertilgung vieler Völker,
und durch deine Sünden hast du deine Seele verwirkt.

11 *Ja, der Stein wird aus der Mauer heraus schreien*
und der Balken im Holzwerk ihm antworten.

12 *Wehe dem, der Städte mit Blut baut*
und Ortschaften auf Ungerechtigkeit gründet!

13 *Siehe, kommt es nicht von dem HERRN*
der Heerscharen, dass Völker fürs Feuer arbeiten
und Nationen für nichts sich abmühen?

14 *Denn die Erde wird erfüllt werden*
von der Erkenntnis der Herrlichkeit des HERRN,
gleichwie die Wasser den Meeresgrund bedecken.

15 *Wehe dir, der du deinem Nächsten zu trinken gibst*
und ihm deinen Gluttrank einschenkst
und ihn auch betrunken machst,
um seine Blöße zu sehen!

16 *Du hast dich an Schande gesättigt statt an Ehre;*
so trinke auch du und zeige dein Unbeschnittensein!
Die Reihe wird auch an dich kommen,
den Becher aus der rechten Hand
des HERRN zu nehmen, und Schande wird
auf deine Herrlichkeit fallen.

17 *Denn die Gewalttat, die am Libanon*
begangen wurde, wird [dann] über dich kommen,
und die Verheerung, [die an den] wilden Tieren
[begangen wurde] und die sie in Schrecken
versetzte, [und zwar] wegen des vergossenen
Menschenblutes und wegen der Vergewaltigung des
Landes, der Stadt und aller ihrer Bewohner.

18 *Ein gemeißeltes Bild – was nützt es,*
dass der Bildhauer es geschaffen hat;
[was nützt] ein gegossenes Bild und ein
Lügenlehrer dazu? Denn der es gemacht hat,
vertraut auf sein eigenes Machwerk,
sodass er stumme Götzen verfertigt.

19 *Wehe dem, der zum Holz spricht: »Wache auf!«*
und zum stummen Stein: »Steh auf!«
Kann er denn lehren?
Siehe, er ist in Gold und Silber gefasst,
und es ist gar kein Geist in ihm!

20 *Aber der HERR ist in Seinem heiligen Tempel –*
sei still vor Ihm, du ganze Erde!

Die Bedeutung der Botschaft von Vers 4 bis zum Ende des zweiten Kapitels ist, dass die Chaldäer, die als Werkzeug zur Züchtigung Israels eingesetzt werden sollten, selbst gezüchtigt und letztendlich vernichtet würden. Gott würde sie vorübergehend benutzen, doch ihr Ende war schon gewiss. Er wollte ihren Stolz demütigen und eine schreckliche Strafe über sie verhängen. Die Angaben in diesen Versen beschreiben den Hochmut und die Verdorbenheit der Chaldäer mit einer Genauigkeit, die von der säkularen Geschichtsschreibung bestätigt wird. Um die Lehre dieses Abschnitts recht verstehen zu können, müssen wir bestimmte Grundprinzipien hervorheben, die hier deutlich gelehrt werden.

Geschichtliche Ereignisse müssen im Lichte des Reiches Gottes gedeutet werden

Es ist wichtig für uns, die Bedeutsamkeit all dessen auch für uns selbst zu erkennen. Der vorliegende Fall ist die Illustration eines allgemeinen Prinzips in Gottes Umgang mit der Menschheit. In der gegenwärtigen Weltlage ist ein richtiges Verständnis dieses Prinzips besonders notwendig.

Wenn wir trotz allem, was in der Welt um uns herum geschieht, inneren Frieden haben wollen, dann ist der einzige Weg dorthin, diese biblische Geschichtsphilosophie zu begreifen. Sie gibt uns Aufschluss darüber, was in unserer Welt vor sich geht und welche Auswirkungen das jeweils auf die Gemeinde Gottes hat. Das wesentliche Prinzip dabei ist, dass die Geschichte nur im Hinblick auf das Reich Gottes verstanden werden kann, das heißt im Hinblick auf die Herrschaft Gottes in der Welt als Ganzes, einschließlich der Gemeinde. Die gesamte Geschichte wird von Gott gelenkt, um Seinen eigenen Plan in Bezug auf Sein Reich zu verwirklichen. Unser Ziel ist es nun, dieses Prinzip näher zu betrachten.

Ratlosigkeit über die aktuellen Ereignisse ist nichts Neues

Das Problem ist nicht neu. Wir sind manchmal so töricht und bilden uns ein, dass unsere Probleme außergewöhnlich und eigenartig seien. Doch das sind sie nicht. Wir erleben nur das, was Gottes

Volk schon viele Male zuvor erlebt hat. Es ist gut, sich daran zu erinnern, dass sich die Geschichte stets wiederholt; deshalb sollten wir uns von der törichten, aufgeblasenen Meinung befreien, die viele Christen von sich selbst haben. Unsere Ratlosigkeit ist keineswegs neu.

Es gibt heute Christen, die meinen, dass es für unsere verdorbene Welt, so wie sie ist – eine Welt, die kein Interesse an Gott und der Gemeinde hat, sondern vielmehr das Heilige verachtet – wenig Hoffnung auf Veränderung gibt. Doch dieses Problem ist so alt wie die Menschheit selbst und hat immer wieder Christen verwirrt. Der moralische Zustand der Gesellschaft und die gegenwärtigen Ereignisse haben damit nur wenig zu tun. Darum sollten wir uns zunächst von jeder Art intellektuellen Hochmuts befreien. Unser Problem ist dasselbe wie das des Verfassers von Psalm 73 (V. 11 ff.) oder das von Habakuk oder von Israel im Allgemeinen.

Der Hebräerbrief wurde speziell zur Klärung dieses Problems geschrieben: »Da stehen wir nun«, meinten die hebräischen Christen; »wir haben deinem Evangelium geglaubt, haben das Judentum verlassen und uns der Gemeinde Jesu angeschlossen aufgrund dessen, was du uns von

Christus und von Seinem Heil gesagt hast, von Seinem Reich, in dem Er herrscht, und von Seiner Wiederkunft. Aber Er ist bis jetzt nicht gekommen; stattdessen werden wir verfolgt und unserer Güter beraubt und machen eine sehr schwere Zeit durch. – Welche Antwort gibt es darauf?«

Den Christen, denen Petrus schrieb, drängte sich die Frage auf: »Was ist mit der Verheißung, dass Er wiederkommen werde?«, denn sie wurden von den Spöttern verhöhnt, die sagten: »So, ihr habt diesem Evangelium geglaubt und euch diesem Herrn Jesus Christus anvertraut? Man hat euch erzählt, dass Er wiederkommen werde; aber wie sieht es denn mit der Verheißung Seines Kommens aus? Alles scheint doch so zu bleiben, wie es war!« Und es ist bemerkenswert, dass Petrus die Christen daran erinnert, dass es sich hier um ein altes Problem handelt. Er erwidert ihnen: »Es ist alles in Ordnung; hört nicht auf sie. Denn genauso haben die Leute vor der Sintflut gehöhnt, und genauso spotteten sie vor der Zerstörung von Sodom und Gomorra. Schon immer haben sie in dieser Weise geredet.«

Seine Antwort auf diese Verhöhnungen lautet: *»Dieses eine aber sollt ihr nicht übersehen, Geliebte, dass* ***ein*** *Tag bei dem Herrn ist wie tausend Jahre, und* *tausend Jahre wie* ***ein*** *Tag! Der Herr zögert nicht die Verheißung hinaus, wie etliche es für ein Hinauszögern halten« (2.Pt. 3,8-9a).* – Genau das ist es, was Habakuk sagt: »*Denn die Offenbarung wartet noch auf die bestimmte Zeit, und doch eilt sie auf das Ende zu und wird nicht trügen. Wenn sie sich verzögert, so warte auf sie, denn sie wird gewiss eintreffen und nicht ausbleiben« (Hab. 2,3).*

Das geschichtliche Thema ist auch das eine große Thema des Buches der Offenbarung. Es ist eindeutig eine Vorhersage der Geschichte, eine Vorausschau auf die relevanten Ereignisse im langen Verlauf bis zur endgültigen Vollendung. Aber viele Ausleger sind dermaßen versessen auf die Symbolik und ihre Anwendung, dass sie das eigentliche Thema übersehen. Sie sind so sehr auf die Details fixiert, dass sie die zentrale Wahrheit aus den Augen verlieren. Vor lauter Bäumen sehen sie den Wald nicht mehr. Das Buch der Offenbarung ist in erster Linie eine großartige Vorschau auf die Geschichte, wobei der Herr Jesus Christus als Derjenige, der die Geschichte unter Kontrolle hat, die »Siegel« öffnet (Kap. 5,9). Somit enthält es eine Botschaft des Trostes, nicht nur für die Christen des ersten Jahrhunderts, sondern für das Volk Christi zu allen Zeiten und an allen Orten.

Zwei mögliche Lebenswege – der Weg der menschlichen Vernunft und der Weg des Glaubens

Im vorliegenden Text heißt es in Vers 4: »*Der Gerechte aber wird durch seinen Glauben leben.*« Du wirst dich erinnern, dass diese wichtige Aussage mehrmals im Neuen Testament zitiert wird. Über die genaue Übersetzung des ersten Teils des Verses sind sich die Gelehrten nicht einig. Entweder kann es heißen: »Siehe, seine hochmütige Seele ist nicht aufrichtig in ihm«, oder: »Siehe, der Vermessene – unaufrichtig ist seine Seele in ihm«, oder auch, wie in Hebräer 10,38 zitiert, wo es heißt, dass Gott kein Wohlgefallen an der Seele dessen hat, die zurückweicht (oder sich zurückzieht).

Die Wahrheit ist, dass es nur zwei Einstellungen zum Leben in dieser Welt geben kann: die des Glaubens und die des Unglaubens. Entweder wir betrachten unser Leben im Hinblick auf unseren Glauben an Gott und die sich daraus ergebenden Schlussfolgerungen, oder unsere Einstellung beruht auf der Ablehnung Gottes und den damit einhergehenden Leugnungen. Wir können entweder vom Weg des Gottvertrauens »abweichen«, oder wir können aus dem Glauben an Gott leben. Schon die Begriffe deuten auf entsprechende Lebensweisen hin.

Wie ein Mensch glaubt, so ist er; der Glaube eines Menschen bestimmt sein Verhalten.

»Der Gerechte wird aus Glauben leben«, oder andersherum gesagt: »Der Mensch, der aus Glauben lebt, ist gerecht.« Andererseits ist derjenige, der »zurückweicht«, ungerecht, weil er nicht aus dem Glauben lebt. Hier verläuft die große Wasserscheide des Lebens, und wir alle stehen entweder auf der einen oder auf der anderen Seite. Was auch immer meine politischen oder philosophischen Ansichten sein mögen – sie müssen einen gemeinsamen Nenner haben: Entweder ist mein Leben auf den Glauben gegründet oder nicht. Wenn das nicht der Fall ist, spielt es keine große Rolle, welche Ansichten ich vertrete, oder ob ich von politischen, sozialen, wirtschaftlichen oder anderen Erwägungen geleitet werde. Entscheidend ist die Frage, ob

ich die Herrschaft Gottes akzeptiere oder nicht. Die bedeutenden Kapitel 10-12 des Hebräerbriefs erläutern und veranschaulichen diese Wahrheit.

Jeder von uns hat beim Anblick der heutigen Welt und beim Nachdenken über den künftigen Verlauf der Geschichte zwei Möglichkeiten. Wir können beobachten und darüber nachdenken, was wir sehen, und dann – nachdem wir gelesen haben, was politische Experten, Regierende und andere Leute sagen – können wir uns schließlich unseren Geschichtsbüchern zuwenden. Dann können wir versuchen, unsere eigenen Schlüsse zu ziehen und uns unsere eigene Meinung zu bilden. Sicherlich ist das der Grund, warum die meisten von uns die Nachrichten lesen. Wir denken: »Diese Personen sind Experten; was sagen sie dazu?«

Es gab Experten, die sagten, dass im Jahre 1939 kein Krieg ausbrechen würde. Sie behaupteten, sie hätten es herausgefunden, und sie waren der Auffassung, es sei unwahrscheinlich, dass Hitler in den Krieg ziehen würde. Viele Menschen schlossen sich dieser Ansicht an und richteten ihre geschäftlichen oder sonstigen Pläne danach aus. Sie ließen sich von ihren eigenen Beobachtungen und

Schlussfolgerungen, der Anwendung des gesunden Menschenverstandes und einer Art Weltweisheit oder auch vom politischen Scharfsinn gewisser Fachleute leiten.

Es gibt jedoch noch eine andere Sichtweise, die in der Bibel eindeutig gelehrt wird. Sie basiert nicht auf Schlussfolgerungen, die man aus der Anzahl der militärischen Einheiten eines Landes zieht oder aus der Einschätzung seiner Angriffsabsichten. Die Bibel erklärt einfach, dass etwas Bestimmtes geschehen wird! Sie gibt keinen Grund an; sie sagt nur, dass es geschehen wird, weil Gott es sagt! Und genauso ist es im Fall der Chaldäer, den wir hier vor uns haben. Es werden keine Argumente angeführt, es gibt keine sorgfältige Abwägung der Kräfte der rivalisierenden Mächte – wir finden nichts als die bloße Aussage Gottes gegenüber dem Propheten. Und der Prophet glaubt ihr und handelt entsprechend.

Die unausweichliche Notwendigkeit, zwischen diesen Alternativen zu wählen

Unser aller Leben beruht auf der einen oder anderen dieser beiden Haltungen. Entweder wir nehmen das Wort Gottes an und leben danach, oder wir tun es nicht. Wer dagegen protestiert, dass die Propheten die Zukunft voraussagen konnten, oder dass Wunder und der Glaube an das Übernatürliche in einem wissenschaftlichen, hochentwickelten Zeitalter wie diesem undenkbar seien, der weicht damit schon von der gottgefälligen Lebensweise ab. Der biblische Weg ist das Leben aus dem Glauben. *»Der Gerechte aber wird durch seinen Glauben leben« (Hab. 2,4).*

GLAUBE BEDEUTET,
das reine Wort Gottes zu nehmen
und danach zu handeln,
weil es das Wort Gottes ist.

Es bedeutet, zu glauben,
was Gott sagt, einfach und allein deshalb,
weil Er es gesagt hat.

Die Glaubenshelden aus Hebräer 11 glaubten dem Worte Gottes, einfach weil Gott es gesagt hatte. Sie hatten keinen anderen Grund, es zu glauben. Warum zum Beispiel nahm Abraham den Isaak und ging mit ihm auf jenen Berg? Warum war er schon im Begriff, seinen Sohn zu opfern? Ganz einfach deshalb, weil Gott ihm gesagt hatte, dass er das tun sollte.

Aber aus Glauben zu leben bedeutet noch mehr als das.

Es bedeutet, dass wir unser ganzes Leben auf den Glauben an Gott gründen.

Das Geheimnis all jener alttestamentlicher Personen bestand darin, dass sie so lebten, als sähen sie den Unsichtbaren (Hebr. 11,27). Sie zogen es wie Mose vor, *»mit dem Volk Gottes Bedrängnis zu erleiden, anstatt den vergänglichen Genuss der Sünde zu haben« (Hebr. 11,25)*. Da war auf der einen Seite der ägyptische Hof mit seiner weltlichen Weisheit; auf der anderen Seite stand das Wort Gottes, womit der Herr Mose Seine Absichten für das Volk, zu dem er gehörte, und das Schicksal, zu dem Gott es vorbereitete, offenbart hatte. Zu jener Zeit waren sie noch Sklaven und wurden grausam misshandelt. Mose hatte nur das einzige Wort Gottes, auf das er sich stützen konnte; doch er verließ den Hof des Pharao, wandte sich von den wunderbaren

Aussichten dort ab und zog wie Abraham aus, der sein Land verließ. Er zog aus und *»hielt sich an den Unsichtbaren, als sähe er Ihn«. »Der Gerechte aber wird aus Glauben leben« (Hebr. 10,38).*

Auf Gottes Wort hin riskierten diese Glaubensvorbilder alles. Sie waren bereit, dafür zu leiden und notfalls auch den Verlust all ihrer Habe in Kauf zu nehmen.

Dasselbe Schicksal erwartete viele der ersten Christen. Sie befanden sich in einer entsetzlichen Zwangslage. Man verlangte von ihnen, zu sagen: »Cäsar ist der Herr!«; doch sie entgegneten: »Das können wir nicht sagen, denn wir wissen, dass er es nicht ist; es gibt nur *einen* Herrn, nämlich den Herrn Jesus Christus!«

»Wenn ihr nicht sagt, dass Cäsar der Herr ist«, antworteten die Machthaber, »werdet ihr in der Arena den Löwen vorgeworfen!« Dennoch weigerten sie sich, solches zu sagen. Mit welcher Begründung? Aufgrund des reinen Wortes Gottes! Sie glaubten an eine gewisse Person, die in Bethlehem in großer Armut in diese Welt geboren worden war, als Zimmermann gearbeitet hatte und schlussendlich am Kreuz gestorben war. Aber sie glaubten auch, dass Er der Herr der Herrlichkeit und von den Toten auferstanden war. Und aufgrund dieser Überzeugung erklärten sie, dass sie niemals sagen könnten, dass Cäsar der Herr sei. Sie riskierten alles; sie starben aufgrund des Glaubens und für den Glauben.

Das ist auch unser Standpunkt als Christen heute. Die Entscheidung, an wen wir glauben, wird uns mehr und mehr aufgezwungen. Ist irgendjemand noch töricht genug, sich auf diese Welt und ihre Angebote zu verlassen? Was ist das bestimmende Prinzip in unserem Leben? Ist es Kalkül? Ist es die Weisheit der Welt – eine kluge, ausgewogene Ansicht, die auf historischem und menschlichem Sachverstand beruht? Oder ist es das Wort Gottes, das uns warnt, dass dieses Leben und diese Welt nur vorübergehend sind und dass beides nur zur Vorbereitung auf die kommende Welt dient? Es sagt uns nicht, dass wir nun der Welt den Rücken kehren sollen; aber es besteht darauf, dass wir die richtige Sichtweise auf die Welt haben. Es weist nachdrücklich darauf hin, dass das, was wirklich zählt, das Kommen des ewigen Reiches Gottes ist. Wir müssen uns im Angesicht Gottes diese einfachen Fragen stellen:

- Gründet sich mein Leben
  auf das Prinzip des Glaubens?
- Bekenne ich mich dazu,
  dass das, was ich in der Bibel lese,
  das Wort Gottes ist und wahr ist?
- Und bin ich bereit, alles, auch mein Leben,
  auf diese Tatsache zu setzen?

Denn *»der Gerechte wird aus Glauben leben.«*

Die Vernichtung des Bösen und der Sieg Gottes sind absolut gewiss

Die fünf Weherufe, die in diesem Kapitel aufgezeichnet sind, galten nicht nur den Chaldäern, sondern sind ein allgemeines Prinzip in der Geschichte. Alles, was böse ist, steht unter dem Gericht Gottes. Auch wenn die Chaldäer für eine Weile eine Blütezeit erreichen würden, war die Grenze ihres Gedeihens absolut festgelegt. Die Gottlosen mögen eine Zeit lang triumphieren, sie mögen sich ausbreiten *»wie ein grünender, tiefwurzelnder Baum«* – aber das wird nicht so bleiben. Ihr Schicksal ist besiegelt.

Die Frage, die das Volk Gottes bewegt, lautet: Warum lässt Gott das zu? Er lässt es für Seine eigenen Zwecke zu, damit die Welt unter diesen bösen

Mächten taumelt, bevor Gott plötzlich Seine Macht erweist und Seine eigene Souveränität offenbart. Der Grundsatz, an den wir uns halten sollten, ist, dass Gott über allem steht! *»Der Weg der Treulosen ist hart«*, ob es sich um einen Einzelnen, unsere Gesellschaft oder die ganze Welt handelt. Ein Weltmensch mag durch üble Geschäftsmethoden ein Vermögen machen und eine Spitzenstellung erreichen. Aber schau auf das Ende des Gottlosen! Sieh, wie er auf dem Sterbebett liegt; sieh, wie er im Grab bestattet wird, und denke an das Verderben und das Elend, die sein Los sind! Die Gottlosen sollten uns leidtun, wenn sie so töricht sind, sich am kurzzeitigen Erfolg zu berauschen. Ihr Ende ist vorherbestimmt.

Und so verhält es sich auch mit ganzen Völkern. Lies in deinen säkularen Geschichtsbüchern über die gottlosen Imperialstaaten, die aufgestiegen sind und denen die ganze Welt zu Füßen zu liegen schien – Ägypten, Babylon, Griechenland, Rom! Aber denk an ihr Ende! In der christlichen Ära ist das Gleiche geschehen. Es gab eine Zeit, in der es so aussah, als ob die Osmanen die ganze Welt beherrschen würden; aber schließlich sind sie doch gefallen. Ein Volk nach dem andern ist aufgestiegen, nur um dann wieder unterzugehen. Es kam die Zeit, in der das von Gott ausgesprochene »Wehe!« umgesetzt wurde.

Wir selbst haben eine Zeit durchlebt, in der wir genau dieses Prinzip wirken sahen. Und was auch immer heute in der Welt geschehen mag – das Prinzip ist immer noch wirksam. Das Wehe gilt für die Wege aller, die sich Gott widersetzen. Sie sind dem Untergang geweiht. Sie mögen vorübergehend großen Erfolg haben, und darauf müssen wir vorbereitet sein; sie mögen scheinbar das ganze Universum beherrschen – aber so sicher, wie ihr Stern aufgegangen ist, wird er auch wieder untergehen. Das Wehe, das Gerichtsurteil, der von Gott bestimmte Untergang ist gewiss.

In Vers 14 lesen wir nun etwas von dem positiven Aspekt dieser Wahrheit: *»Denn die Erde wird erfüllt werden von der Erkenntnis der Herrlichkeit des HERRN, gleichwie die Wasser den Meeresgrund bedecken« (Hab. 2,14).* Es steht niemandem an, vorauszusagen zu versuchen, was im Einzelnen geschehen werde; aber einer großen Tatsache können wir uns sicher sein, nämlich der des *endgültigen Triumphes Gottes.*

Jesus soll Herr und König sein,
so weit erglänzt der Sonne Schein;
Sein göttlich Reich wird noch bestehn,
wenn Erd und Himmel untergehn.

Isaac Watts (1674–1748)

Ja, die Heiden mögen wüten, und die Völker mögen sich in ihrem Wahn so manches einbilden – dennoch bleibt bestehen, was Gott gesagt hat: *»›**Ich** habe Meinen König eingesetzt auf Zion, Meinem heiligen Berg!‹« (Ps. 2,6).* Mögen die Feinde Gottes und die ganze gottlose Gesellschaft noch so sehr herumwüten; möge alles so aussehen, als wollten sie die Gemeinde Jesu ausrotten – doch es kommt gewiss der Tag, dass *»in dem Namen Jesu sich alle Knie derer beugen, die im Himmel und auf Erden und unter der Erde sind, und alle Zungen bekennen, dass Jesus Christus der Herr ist, zur Ehre Gottes, des Vaters« (Phil. 2,10-11).*

Wenn Christus wiederkommt, wird die Erde gewiss von der Herrlichkeit Gottes erfüllt sein. Der Böse wird besiegt und in den Feuersee geworfen werden. Alles, was sich Gott widersetzt, wird vernichtet werden, und es wird *einen »[neuen] Himmel und eine neue Erde«* geben, *»in denen*

Gerechtigkeit wohnt« (2.Pt. 3,13). Die Stadt Gottes wird *»aus dem Himmel herabsteigen« (Off. 21,2),* und die Gerechten werden hineingehen. Alles Unreine bleibt ausgeschlossen, und Gott wird *»alles in allen [sein]« (1.Kor. 15,28).* Der letztendliche Triumph Gottes ist sicher.

Wie lautet nun angesichts all dessen unsere endgültige Schlussfolgerung? Betrachten wir Vers 18: *»Ein gemeißeltes Bild – was nützt es, dass der Bildhauer es geschaffen hat; [was nützt] ein gegossenes Bild und ein Lügenlehrer dazu? Denn der es gemacht hat, vertraut auf sein eigenes Machwerk, sodass er stumme Götzen verfertigt.«* Gott bewahre uns davor, einer anderen Macht als Gott Selbst zu vertrauen oder uns an irgendwelche Götzen zu wenden, die Menschen aufstellen, auch wenn es sich um unseren Staat handelt! – *»Wehe dem, der zum Holz spricht: ›Wache auf!‹ und zum stummen Stein: ›Steh auf!‹ Kann er denn lehren? Siehe, er ist in Gold und Silber gefasst, und es ist gar kein Geist in ihm!« (V. 19).* – Setzt euer Vertrauen auf kein menschliches Werk oder Wesen, sondern auf Gott allein!

»Aber der HERR ist in Seinem heiligen Tempel – sei still vor Ihm, du ganze Erde!« (V. 20). Nicht nur

die Gottlosen müssen still sein, sondern auch die Christen müssen schweigen. Es darf kein Hinterfragen, kein Bezweifeln, keine Unsicherheit über die Güte und die Heiligkeit und die Macht Gottes geben. Fragt nicht klagend: »Warum lässt Gott dies zu?«, oder: »Warum tut Gott das?« Denkt vielmehr an das Wort des Herrn an Seinen Propheten! Schaut zu Gott auf! Schaut auf das Höchste und das Absolute! Dann lasst uns die Hand auf den Mund legen, der so schnell bereit ist, töricht zu reden. Lasst uns erkennen, dass Er im Tempel des Universums ist, der Gott über allem. Lasst uns in aller Stille uns vor Ihm demütigen, vor Ihm niederwerfen und Ihn anbeten. Lasst uns Seine Gnade, Seine Macht, Seine Kraft, Seine Güte verherrlichen und in stillem Frieden des Herzens, des Geistes und der Seele auf Ihn harren.

Die Engel, heilig, rein

Ye Holy Angels Bright

Richard Baxter (1615–1691)
Deutsch: Niko Derksen

1. Die Engel, heilig, rein, sind allezeit bereit,
zu tun, was Gott befiehlt, der Herr der Herrlichkeit.
Sie beten an vor Gottes Thron,
mit Lobgesang den Gottessohn.

2. Die Seelen, die jetzt ruhn, ihr Kampf ist nun vorbei.
Vollendet ist ihr Lauf; sie sind von Sünde frei.
Sie sind getrost beim Gnadenthron
und warten schon auf Jesu Lohn.

3. Ihr Heiligen, wacht auf, den König betet an,
bringt Ihm den Lobgesang, geht mutig stets voran!
Vertraut auf Ihn, preist allezeit
den höchsten Herrn, in Freud und Leid!

4. Du, meine Seele, sing und preise Gott allein;
in Christus hab ich Heil und bin auf ewig Sein.
Und bis zum Ziel sei jeder Tag
mit Lob erfüllt, was kommen mag.

KAPITEL 5

EINE ANLEITUNG ZUM GEBET

Habakuk 3,1-2

1 *Ein Gebet des Propheten Habakuk,*
eine heftige Wehklage.

2 *O HERR,*
ich habe Deine Botschaft vernommen;
ich bin erschrocken.

O HERR,
belebe Dein Werk inmitten der Jahre!
Inmitten der Jahre offenbare Dich!
Im Zorn sei eingedenk Deiner Barmherzigkeit!

Das Wesen eines wahren Gebets

Auf die vorausgegangene Offenbarung Gottes antwortet Habakuk mit einem Gebet. Aber es ist zugleich ein wunderbares Stück Poesie mit dem Titel: *»Gebet des Propheten Habakuk nach Schigjonot« (V. 1, ELB).* Es war ein Gebet, das von Musik begleitet wurde, als Ausdruck einer tiefgründigen und starken Gemütsregung. Der Prophet war zweifellos bis ins Innerste seines Wesens von widersprüchlichen Gefühlen bewegt, vor allem von denen des Triumphes und des Sieges.

Das gesamte Kapitel ist ein Bericht über das Gebet des Propheten. Beten ist ja mehr als nur Bitten; es schließt Lob, Dank, Erinnerung und Anbetung ein. Gerade die Berufung auf die Geschichte, wie es der Prophet hier praktiziert, ist oft ein wesentlicher Bestandteil des Gebets. Die großartigen Gebete in der Heiligen Schrift sind die von Menschen, die Gott an das erinnerten, was Er in der Vergangenheit getan hatte. Sie stützten ihre Bitten auf diese Fakten. Dieses ganze Kapitel ist also ein großartiges Gebet.

Aber der zweite Vers des dritten Kapitels ist ein Modell für die Haltung, die der Christ in Zeiten der Not oder Krise immer einnehmen sollte. Heute sind wir mit einer Weltsituation oder Krisen konfrontiert, die den geistlich gesinnten Menschen dazu veranlassen können, an das Buch Habakuk zu denken. Unser Problem ist wieder die Frage:

- Warum greift Gott nicht ein?
- Warum lässt Er all das zu?
- Warum sind die Gottlosen so erfolgreich?
- Warum schenkt Gott Seiner Gemeinde keine Neubelebung?

Angesichts dieser Tatsachen sollte unsere Haltung die des Propheten sein. Aber wie steht es damit? War das auch in den dunklen Tagen des letzten Krieges so? War unsere Reaktion auf die sogenannten »Gebetsaufrufe« die gleiche wie hier oder in Daniel 9? Wir müssen zugeben, dass in dem Volk Gottes damals und der Haltung der Gemeinde Jesu heute ein ganz wesentliches Element fehlt. Bestimmte subtile Gefahren begegnen dem Christen immer, so wie sie dem Propheten Habakuk begegneten. Der Teufel, als »Engel des Lichts« verkleidet, versucht immer, jede Ratlosigkeit auszunutzen, indem er uns dazu bringt, auf die falschen Dinge zu schauen und somit unsere Haltung gegenüber Gott negativ zu beeinflussen. Die Haltung, welche Christen in einer Zeit der Prüfung und Ratlosigkeit auszeichnen sollte, wird hier deutlich.

Die wesentlichen Elemente des echten Gebets

Demut

Als erstes fällt uns die Selbsterniedrigung des Propheten auf, seine Haltung der Demut: *»O HERR, ich habe Deine Botschaft vernommen; ich bin erschrocken. O HERR, belebe Dein Werk inmitten der Jahre! Inmitten der Jahre offenbare Dich! Im Zorn sei eingedenk Deiner Barmherzigkeit!« (Hab. 3,2).*

Er diskutiert nicht länger mit Gott und stellt Seine Handlungsweise nicht mehr in Frage wie am Anfang. Er protestiert nicht einmal gegen das, was Gott ihm gesagt hat. Von der verstandesmäßigen Ratlosigkeit ist er zu einer Position aufgestiegen, die darüber hinausgeht. Er appelliert nicht einmal an Gott, die Absicht des Gerichts umzukehren. Er bittet nicht einmal darum, dass der Herr Seine Hand zurückziehen und Israel verschonen möge.

Vielmehr erkennt er an, dass alles, was Gott zu tun gedenkt, vollkommen richtig ist; dass Er absolut gerecht ist, und dass die Strafe, die auf Israel zukommen wird, wohlverdient ist – eine Haltung der völligen Unterwerfung unter den Willen Gottes. Es gibt keinen Versuch, Israel oder sich selbst zu verteidigen, sondern ein freimütiges Eingeständnis der Sünde und eine Anerkennung der Rechtschaffenheit, Heiligkeit und Gerechtigkeit Gottes.

Vergleiche dazu Daniels Gebet in Daniel 9,7-8: *»Du, Herr, bist im Recht, uns aber treibt es heute die Schamröte ins Gesicht, wie es jetzt zutage liegt, … weil wir gegen Dich gesündigt haben!«* Es bleibt keine Spur von Selbstgerechtigkeit übrig, nur das vollständige Eingeständnis der Sünde und die völlige Unterwerfung unter das Gericht Gottes über das Volk.

Wie ist Habakuk zu einer solchen Haltung gekommen? Anscheinend dadurch, dass er aufhörte, an sein eigenes Volk oder an die Chaldäer zu denken, und stattdessen nur noch die Heiligkeit und Gerechtigkeit Gottes vor dem dunklen Hintergrund der Sünde in der Welt betrachtete. Unsere Schwierigkeiten lassen sich fast alle auf unsere

Hartnäckigkeit zurückführen, mit der wir die unmittelbaren Probleme betrachten, anstatt sie im Licht Gottes zu sehen. Solange Habakuk auf Israel und die Chaldäer schaute, war er beunruhigt. Nun aber hat er Israel und die Chaldäer vergessen, und seine Augen sind auf den Herrn gerichtet. Er ist in den Bereich der geistlichen Wahrheit zurückgekehrt – er erkennt die Heiligkeit Gottes, die Sünde im Menschen und in der Welt –, und so kann er die ganze Lage in einem völlig neuen Licht sehen. Es geht ihm nur noch um die Ehre Gottes und um nichts anderes. Er musste aufhören, darüber nachzudenken, dass die Chaldäer noch schlimmere Sünder waren als die Juden, und dass der Herr sie dennoch gegen Sein Volk gebrauchen wollte, so verwirrend dieses Problem auch war. Mit dieser Einstellung hatte er die Sünde seines eigenen Volkes vergessen und sich auf die Sünde der anderen konzentriert, die größer war. Solange er in dieser Haltung verharrte, blieb er ratlos und unglücklich in seinem Herzen und seinem Geist.

Aber schließlich kam der Prophet an einen Punkt, an dem er aus diesem Zustand völlig herausgehoben wurde, um nur noch die wunderbare Erscheinung des Herrn in Seinem heiligen Tempel zu sehen, wobei er die sündige Menschheit und das Universum unter Ihm sah. Der Unterschied zwischen den Israeliten und den Chaldäern wurde in dieser Sicht der Dinge relativ unwichtig. Es war nicht mehr möglich, sich als einzelnes Individuum oder als Nation zu überheben. Wenn man die Dinge von einem geistlichen Standpunkt aus betrachtet, kann man nur anerkennen: *»Alle haben gesündigt und verfehlen die Herrlichkeit, die sie vor Gott haben sollten« (Röm. 3,23), »und dass die ganze Welt sich im Bösen befindet« (1.Joh. 5,19).* Die Heiligkeit Gottes und die Sünde des Menschen sind das Einzige, was zählt.

Genau hier liegt der entscheidende Punkt der aktuellen Situation.

- Sehen wir noch ein,
dass wir der Demut bedürfen?
- Sehen wir diese Not
als Mitglieder der Gemeinde Jesu?
- Sehen wir sie als Bürger unseres Landes?
- Wir sind mit einer Weltlage konfrontiert,
in der wir nicht wissen, was geschehen wird.
Wird es weitere Krisen geben?

Wenn unsere Einstellung immer noch die ist, dass wir fragen: »Warum lässt Gott das zu?«, »Womit haben wir das verdient?«, dann haben wir offensichtlich nicht die Lektion gelernt, die Habakuk gelernt hat.

Unsere Gesellschaft hat weder vom Ersten noch vom Zweiten Weltkrieg etwas gelernt, noch sich wirklich gedemütigt. Die Menschen haben nicht erkannt, dass diese beiden Weltkriege die unvermeidliche Folge der Gottlosigkeit waren, die seit fast hundert Jahren um sich gegriffen hat, und zwar wegen des Stolzes und der Arroganz des Menschen.

Hat die Gemeinde Jesu erkannt, dass ihr gegenwärtiger Zustand und ein großer Teil ihres Leidens die Strafe des Herrn für ihre Untreue und den Glaubensabfall sein kann, in welchen die Gemeinde selbst häufig verfallen ist? Seit mehr als einem Jahrhundert leugnen viele Theologen und Kirchen das Übernatürliche und die Wunder, stellen die Gottheit Christi Selbst in Frage, üben Bibelkritik, tolerieren die Unmoral und erheben die Philosophie über die Offenbarung. Kann sich die Christenheit also beklagen, wenn sie es jetzt schwer hat?

Hat sie sich in Sack und Asche gedemütigt? Hat sie ihre Sünden erkannt und Buße getan?

Hat denn unser Land – das Land, das von Gott so reich gesegnet und von Ihm so gebraucht wurde –, ein Recht, sich zu beklagen? Wie haben wir Ihm gedankt, der uns so viele Jahre gesegnet hat? Wir leben als Christen so viele Jahre in Freiheit, ohne von der Regierung verfolgt zu werden, was in vielen Ländern der Fall ist. Womit haben wir es verdient? Ist es nicht eher eine Ausnahme und besondere Gnade gewesen?

Haben die Menschen angesichts der Gottlosigkeit und der Abweichung von geistlichen Maßstäben, die in unserem Land verbreitet werden, ein Recht zu protestieren? Hat die Welt als Ganzes ein Recht, sich zu beklagen? Gott hat über uns Gericht gehalten – und wir, haben wir uns vor Ihm gedemütigt? Gibt es einen Geist der Buße? Wenn ja, wo ist er?

Es ist völlig unbiblisch und ungeistlich, nur auf die offensichtlich Gottlosen zu schauen. Viele Christen und sogar Pastoren erwecken oft den Eindruck, dass es nur *ein* Problem gebe – die Welt. Sie sind dem Irrtum verfallen, dem auch Habakuk für eine Zeit lang verfiel. Es heißt so oft: »Die Gemeinde Jesu ist zwar nicht perfekt, aber schaut euch mal die Probleme im Land an! Die Gemeinde ist nicht so, wie sie sein sollte; aber schaut euch mal unsere Obrigkeit an!« Sie sehen also keine Notwendigkeit, sich selbst zu demütigen. Viele sehen nur *ein* Problem, nämlich das der Chaldäer – die Welt und die Obrigkeit –, und solange sie auf diese schauen, sind sie nicht bereit, sich zu demütigen!

Die Lektion, die der Prophet Habakuk gelernt hat, war, dass es nicht mehr um Nationalität oder Feindschaft gegen eine andere Nation geht. Es geht um nichts anderes als um die Heiligkeit Gottes und die Sünde. Darum sollten wir nichts anderes tun, als uns vor Seinem Angesicht zu demütigen. Nichts könnte verhängnisvoller oder unbiblischer sein, als dass die Gemeinde Jesu es als ihre Aufgabe ansieht, die Obrigkeit zu bekämpfen, anstatt für sie zu beten!

Es gibt keine Einheit zwischen der Gemeinde und dem Staat. Diese Probleme dürfen nicht politisch, sondern müssen geistlich betrachtet werden. Unsere einzige Sorge muss der Heiligkeit Gottes und der Sünde im Menschen gelten – sei es in der Gemeinde, im Staat oder in der Welt. Was auch immer auf unsere gottlose Gesellschaft zutreffen mag, die sich gegen Christus stellt – meine erste Frage muss lauten: Was ist mit mir selbst? Beweist die Tatsache, dass es andere gibt, die schlechter sind als ich, bereits, dass ich in Ordnung sei? Das ist nicht die Sichtweise von Daniel oder Habakuk!

Wie Habakuk müssen wir alle vor Gott bekennen: »Wir haben gegen Dich gesündigt, und wir haben kein Recht, vor Deinem heiligen Angesicht irgendeine Milderung der Strafe zu erflehen.« Eine solche Selbsterniedrigung in der Gegenwart Gottes ist dringend notwendig für uns.

Anbetung

Aber es gibt noch ein weiteres Element in diesem Gebet, nämlich die Anbetung. In Vers 2 heißt es: *»O HERR, ich habe Deine Botschaft vernommen; ich bin erschrocken«*. Nicht das hat Habakuk erschreckt, was Gott Seiner Offenbarung gemäß zu tun gedachte; davor erschrak er nicht. Er hatte keine Furcht vor dem kommenden Leid. Der Ausdruck deutet vielmehr auf eine tiefe Ehrfurcht vor einem so großen Gott hin, auf anbetende Verehrung und ein Staunen über Ihn und Sein Handeln. Er hatte ihm etwas über Seinen zukünftigen Plan kundgetan, und der Prophet sann darüber nach, dass Gott in Seinem heiligen Tempel ist und die Welt Ihm zu Füßen liegt, und er stand staunend und ehrfürchtig vor Ihm. Als er Seine Allmacht und Heiligkeit erkannte, sagte er: *»Ich bin erschrocken.«*

Was im Hebräerbrief als eine Haltung der Scheu und Ehrfurcht beschrieben wird – *»Lasst uns ... Gott auf wohlgefällige Weise dienen … mit Scheu und Ehrfurcht« (Hebr. 12,28)* –, ist eine Haltung, die uns seltsamerweise abhandengekommen ist, selbst unter wahren Christen. Es gibt viel zu viel leichtfertige Vertrautheit und einen Mangel an tiefer Ehrfurcht gegenüber dem Allerhöchsten! Gott sei Dank, dass wir durch das Blut Christi mit heiliger Freimütigkeit in Seine Gegenwart kommen dürfen! Aber das sollte niemals unsere Scheu und Ehrfurcht schmälern.

Das Gottesvolk des alten Bundes – besonders die Gottesfürchtigen unter ihnen – waren sich der Heiligkeit und Größe Gottes so bewusst, dass sie sogar davor zitterten, Seinen Namen zu gebrauchen, aus Furcht, gegen das dritte Gebot zu sündigen: *»Du sollst den Namen des HERRN, deines Gottes, nicht* *missbrauchen!«* Die Unantastbarkeit, die Heiligkeit und die Allmacht Gottes war etwas, das ihnen fast die Sprache verschlug. *»Ich bin erschrocken!«*, sagte Habakuk. Wir sollten uns Ihm mit Scheu und Ehrfurcht nahen, *»denn unser Gott ist ein verzehrendes Feuer« (Hebr. 12,29).*

Dies ist wesentlich für das Verständnis der Zeit, in der wir leben. Wir müssen lernen, Gott in Seinem heiligen Tempel zu sehen, der über dem Lauf der Geschichte und über dem Wandel der Zeit thront. In der Gegenwart Gottes ist das Einzige, was zählt: Sein heiliges Wesen und unsere eigene Sünde. So wollen wir uns vor Ihm demütigen und Ihn in aller Ehrfurcht anbeten.

Bitte

Schließlich gelangen wir zu dem Element der Bitte. *»Sorgt euch um nichts; sondern in allem lasst durch Gebet und Flehen mit Danksagung eure Anliegen vor Gott kundwerden«*, sagt der Apostel Paulus (Phil. 4,6). Wahres Gebet enthält immer dieselben drei Bestandteile: Demut, Anbetung und Bitte.

Worum bittet Habakuk? Es ist keine Bitte um Befreiung und Erleichterung, keine Bitte, dass Gott sie verschonen möge, dass es keinen Krieg gegen die Chaldäer und kein Leid geben möge, dass Jerusalem nicht geplündert und der Tempel nicht dem Erdboden gleich gemacht werden möge. Es gab keine derartige Bitte, denn er hatte eingesehen, dass diese Ereignisse unabwendbar und wohlverdient waren. Habakuk bittet nicht darum, dass Gott Seinen Plan ändern möge. Die einzige Last des Propheten war nun seine Sorge um die Sache des Herrn, Sein Werk und Sein Ziel mit Seinem eigenen Volk und mit der ganzen Welt. Er war an einem Punkt angelangt, an dem er im Grunde genommen sagte: Was auch immer ich und meine Landsleute zu erleiden haben – es ist nicht von Belang, solange nur *Dein Werk* wiederbelebt und rein gehalten wird. Seine einzige große Bitte war, dass Gott Sein Werk inmitten der Jahre wiederbeleben möge: »*O HERR, belebe Dein Werk inmitten der Jahre! Inmitten der Jahre offenbare Dich!*«

Der Ausdruck »*inmitten der Jahre*« bedeutet sicher: »Während jene schrecklichen Dinge, die prophezeit wurden, tatsächlich unter uns geschehen«, oder: »Inmitten der Jahre des Leidens und des Unheils, die Du vorausgesagt hast, auch dann, o Herr, belebe Dein Werk!« Dies ist ein sehr angemessenes

Gebet auch für die wahre Gemeinde von heute. Wenn wir um die Reinheit der Gemeinde nicht mehr besorgt sind als um die Tatsache, dass wir mit der Möglichkeit von weiteren Problemen und Krisen rechnen müssen, dann stellt das eine ernsthafte Frage an unser Christsein dar.

Fragen wir uns noch einmal: Was beunruhigt uns als Christen am meisten? Sind es die Vorgänge in der Welt um uns herum? Oder ist es der Name und die Ehre unseres allmächtigen Gottes, die geistliche Gesundheit und der Zustand Seiner Gemeinde, das Gedeihen und die Zukunft Seiner Sache unter den Menschen? Für Habakuk gab es nur eine einzige Sorge. Obwohl er wusste, was geschehen würde, betete er für eine geistliche Wiederbelebung der Sache Gottes unter Seinem Volk.

Das hebräische Wort »wiederbeleben« hat die primäre Bedeutung von »bewahren« oder »am Leben erhalten«. Habakuk hatte große Angst, dass das Zeugnis des wahren Volkes Gottes, niedergetrampelt werden könnte, und so betete er: »Bewahre sie, o Gott, bewahre sie am Leben, lass sie nicht überwältigt werden, nicht untergehen!« Wiederbeleben bedeutet aber nicht nur, am Leben zu erhalten oder zu bewahren, sondern auch zu reinigen und zu züchtigen, das Böse zu beseitigen. Dies ist immer eine wesentliche Begleiterscheinung, wenn Gott eine Erweckung bewirkt. In der Geschichte jeder Erweckung lesen wir, dass der Herr läutert und die Sünde, den Unrat und die Hindernisse beseitigt, die Seiner Sache im Weg stehen.

Noch ein weiterer Gedanke kommt hinzu: Während die Gemeinde Jesu bewahrt, geläutert und gezüchtigt wird, wird sie gleichzeitig auf ihre Befreiung vorbereitet. Habakuk sieht das herannahende Unheil und sagt gleichsam: »O Herr, während wir gezüchtigt werden, bereite uns gleichzeitig auf die kommende Befreiung vor. Mache Dein ganzes Volk Deiner Segnungen würdig.« Er scheint zu sagen: »Gedenke Deines Werkes und mach es zu dem, was es sein soll; lass die Gemeinde so wirken, wie sie wirken soll!« Gleichwie das Gebet Daniels, so hat Gott auch dieses Gebet nahezu wörtlich erhört, selbst als sie in der Gefangenschaft in Babylon und in der Hand der Chaldäer waren. Der Herr erhörte das Gebet um Erweckung durch Züchtigung, und zwar während der Zeit, in der die Züchtigung vollzogen wurde.

Habakuks letzte dringende Bitte ist sehr bewegend: *»Im Zorn sei eingedenk Deiner Barmherzigkeit!« (Hab. 3,2).* Matthew Henry weist darauf hin, dass Habakuk, während er sich an Gott wendet, nicht sagt: »Herr, ich sehe ein, dass diese Strafe notwendig war; aber ich möchte Dich daran erinnern, dass wir versucht haben, gute Menschen zu sein, und dass es in unserer Geschichte schon schlimmere Zeiten gegeben hat.« Er bittet Gott nicht, ihrer wegen eines ihrer Verdienste zu gedenken, sondern er bittet Ihn, im Zorn *Seiner Barmherzigkeit eingedenk* zu sein. Mit »Zorn« meint er Gottes vollkommene Rechtschaffenheit und Gerechtigkeit. Das Einzige, was er tut, ist also, den Herrn an Sein eigenes Wesen zu erinnern – und an den anderen Aspekt Seines heiligen Wesens: Seine Barmherzigkeit. Er scheint zu sagen: »Mäßige Deinen Zorn mit Deiner Barmherzigkeit! Wir haben nichts vorzubringen als diese Bitte, dass Du gemäß Deines Charakters handeln und inmitten Deines Zorns Mitleid und Erbarmen mit uns haben mögest.«

Hier haben wir das Mustergebet für eine solche Zeit wie die heutige. Bei all unseren »Gebetstagen« während der letzten Krisen schien man davon auszugehen, dass *wir* in Ordnung seien und wir Gott nur darum bitten müssten, unsere Probleme zu lösen und die Regierenden zurechtzubringen, weil sie im Unrecht sind. Für wirkliche Demütigung, Sündenbekenntnis oder das Beklagen unserer völligen Sündhaftigkeit und Abkehr vom Herrn schien dagegen kein Platz zu sein. Die Botschaft dieses Buches lautet: Solange *wir* uns nicht aufrichtig demütigen und dabei die anderen Menschen und diejenigen, die vielleicht noch schlechter sind als wir, vergessen, solange wir uns nicht so sehen, wie wir in den Augen Gottes sind, und unsere Sünden nicht bekennen und uns nicht in Seine allmächtigen Hände werfen, haben wir kein Recht, nach Frieden und Glück Ausschau zu halten. Solange die Welt diese gewaltigen Lektionen aus dem Wort Gottes nicht lernt, gibt es für sie keine Hoffnung. Ein Krieg wird dem andern folgen, eine Krise der anderen. – Möge Gott uns die Gnade schenken, diese Botschaft der Heiligen Schrift anzunehmen und zu lernen, die Dinge nicht politisch, sondern geistlich zu verstehen!

Es gibt auch eine persönliche Anwendung dieses Grundsatzes. Wir müssen unserer persönlichen Situation auf dieselbe Weise ins Auge sehen und uns fragen: Gibt es etwas in meinem Leben, das die Züchtigung Gottes verdient? War ich so, wie ich sein sollte? Mögen wir uns selbst prüfen, uns unter die allmächtige Hand Gottes demütigen und uns vor allem um den Zustand unserer Seele kümmern! Leider schauen wir immer nur auf die Situation und das Problem, anstatt der Frage nachzugehen, ob es in unserer Seele etwas gibt, das Gott dazu bringt, auf diese Weise mit uns zu verfahren.

In dem Augenblick, in dem ich mich wirklich um den Zustand meiner Seele kümmere anstatt um mein Leid, bin ich auf dem besten Weg zum Segen Gottes.

Der Hebräerbrief erklärt, dass Züchtigungen ein Beweis dafür sind, dass wir Gottes Kinder sind: *»›Denn wen der Herr lieb hat, den züchtigt Er‹« (Hebr. 12,6a).* Wenn wir also Züchtigung nicht kennen, sollten wir alarmiert sein; denn wenn wir Kinder Gottes sind, ist Er um uns besorgt und möchte uns in das Bild Christi verwandeln. Wenn wir nicht auf Seine Aufforderungen hören, dann wird Er uns auf eine andere Weise zu Seinem erwünschten Ziel bringen. *»›Denn wen der Herr lieb hat, den züchtigt Er, und Er schlägt jeden Sohn, den Er annimmt‹«*

(Hebr. 12,6). Wenn die Umstände also offensichtlich uns entgegenstehen, sollten wir nicht auf die Situation schauen und Fragen stellen, sondern uns selbst betrachten und fragen: »Was ist mit meiner Seele? Was will Gott mir damit sagen, was Er da mit mir tut? Was ist los mit mir, dass ich das alles verdiene?«

Nachdem wir uns geprüft und vor Gott gedemütigt haben, sollten wir uns in Seine Hände legen und sprechen:

> »Dein Weg, nicht meiner, o Herr, wie schwer er auch sein mag! Mein einziger Wunsch ist, dass meine Seele in Ordnung kommt. Ich bitte nur darum, dass Du im Zorn Deiner Barmherzigkeit gedenken mögest. Vor allem aber, dass Du fortfährst mit Deinem Werk, damit meine Seele wieder belebt und ich vor Dir wohlgefällig werde!«

Das war die Haltung von Habakuk. Es war die Haltung aller wahren Propheten Gottes. Das ist immer die Haltung der wahren Gemeinde Jesu zu allen Zeiten echter Wiederbelebung und geistlicher

Erweckung. Und das ist die einzig rechte, biblische und geistliche Haltung für die Gemeinde und die einzelnen Christen in dieser Zeit und Stunde.

Wir sollten weniger an die Bedrohung durch die sündige Welt, Obrigkeit oder irgendetwas anderes denken und uns mehr um die geistliche Gesundheit und Reinheit der Gemeinde sorgen – vor allem um die Heiligkeit Gottes und die Sünde des Menschen.

Dein Weg, nicht meiner, Herr

Thy Way, Not Mine, O Lord

Horatius Bonar (1808–1889)
Deutsch: B. McKenzie, L. Dück

1. Dein Weg, nicht meiner, Herr, mag er auch dunkel sein;
führ mich an Deiner Hand, wähl Du den Pfad allein!
Ob steinig oder eben, weißt am besten Du,
gewunden oder grad, führt er zu Deiner Ruh.

2. Könnt ich mein eignes Los erwählen, tät ich's nicht;
entscheide Du's, mein Gott; Du hast die klare Sicht!
Nimm meinen Kelch, füll ihn mit Freude oder Schmerz;
denn was das Beste ist, das weiß Dein Vaterherz!

3. Wähl meine Freunde, Herr; es sei mir alles gleich:
ob nun gesund ich bin, ob krank, ob arm, ob reich.
Nicht ich! Triff Du die Wahl in Fragen groß und klein;
Du sollst mir Führung, Kraft und Weisheit – alles sein!

KAPITEL 6

WIE DU DICH IN BEDRÄNGNIS FREUEN KANNST

Habakuk 3,3-19

3 *Gott kommt von Teman her*
und der Heilige vom Berg Paran.
(Sela) Seine Pracht bedeckt den Himmel,
und die Erde ist voll von Seinem Ruhm.

4 *Ein Glanz entsteht, wie Licht;*
Strahlen gehen aus Seiner Hand hervor,
und dort ist Seine Kraft verborgen.

5 *Vor Ihm her geht die Pest,*
und die Fieberseuche folgt Ihm auf dem Fuß.

6 *Er bleibt stehen und misst die Erde,*
Er sieht hin, und die Heidenvölker erschrecken;
es zerbersten die uralten Berge,
es sinken die Hügel aus der Vorzeit;
Er wandelt auf ewigen Pfaden.

7 *In Nöten sehe ich die Hütten Kuschans,*
es zittern die Zelte des Landes Midian.

8 *Ist der HERR über die Ströme ergrimmt?*
Ergießt sich Dein Zorn über die Ströme,

Dein Grimm über das Meer,
dass Du auf Deinen Rossen reitest,
auf Deinen Wagen der Rettung?

9 *Bloß, enthüllt ist Dein Bogen;*
Deine Eide sind die Pfeile, gemäß Deinem
Wort. (Sela) Durch Ströme zerteilst Du das
Land.

10 *Wenn die Berge Dich sehen, erzittern sie;*
ein Platzregen flutet einher,
der Ozean lässt seine Stimme hören,
hoch gehen seine Wellen.

11 *Sonne und Mond treten in ihre Wohnung*
beim Leuchten Deiner fliegenden Pfeile,
beim Glanz Deines blitzenden Speers.

12 *Im Grimm schreitest Du über die Erde,*
im Zorn zerdrischst Du die Heidenvölker.

13 *Du ziehst aus zur Rettung Deines Volkes,*
zum Heil mit Deinem Gesalbten;
Du zerschmetterst das Haupt vom Haus
des Gesetzlosen, Du entblößt
die Grundmauer von unten bis oben. (Sela)

14 *Du durchbohrst mit ihren eigenen Speeren*

das Haupt seiner Horden; sie stürmten einher,
um mich in die Flucht zu schlagen,
und erhoben ihr Freudengeschrei,
als wollten sie den Elenden
im Verborgenen verzehren.

15 *Du betrittst das Meer mit Deinen Rossen,*
die schäumenden Wassermassen.

16 *Als ich das hörte, erzitterte mein Leib;*
wegen dieser Stimme erbebten meine Lippen;
Fäulnis drang in mein Gebein,
und meine Füße zitterten.
O dass ich Ruhe finden möchte
am Tag der Drangsal,
wenn der gegen das Volk heranzieht,
der es angreifen will!

17 *Denn der Feigenbaum wird nicht ausschlagen*
und der Weinstock keinen Ertrag geben;
die Frucht des Ölbaums wird trügen,
und die Felder werden keine Nahrung liefern;
die Schafe werden aus den Hürden getilgt,
und kein Rind wird mehr
in den Ställen sein.

18 *Ich aber will mich freuen in dem HERRN*
und frohlocken über den Gott meines Heils!

19 *GOTT, der Herr, ist meine Kraft;*
Er macht meine Füße denen der Hirsche gleich
und stellt mich auf meine Höhen!
Dem Vorsänger, auf meinen Saiteninstrumenten.

GLAUBE UND FURCHT

»Als ich das hörte, erzitterte mein Leib; wegen dieser Stimme erbebten meine Lippen; Fäulnis drang in mein Gebein, und meine Füße zitterten. O dass ich Ruhe finden möchte am Tag der Drangsal, wenn der gegen das Volk heranzieht, der es angreifen will!« (Hab. 3,16).

Der Prophet hat keine theologischen oder philosophischen Probleme mehr. Er sieht alles ganz klar. Aber er ist eben auch nur ein Mensch, und angesichts der kommenden Gerichte ist er von Angst erfüllt. Wie kann er innerlich Frieden finden, wenn all diese Dinge bevorstehen? Wie soll er ihnen standhalten?

Es ist ein großer Trost zu wissen, dass diese mächtigen Propheten Gottes auch nur Menschen waren und den gleichen Schwächen unterworfen waren wie wir. Wir sind geneigt, sie wegen ihres großartigen Verständnisses als besondere Menschen anzusehen. Aber wenn wir das tun, werden wir viel weniger Nutzen aus der Betrachtung ihrer

Schriften ziehen. Hier bekommen wir also einen Einblick in den Charakter dieses Mannes. Er ist ehrlich genug, uns zu sagen, dass er vor Furcht zitterte, als er hörte, was Gott ihm zu sagen hatte.

Unser Herr wusste um dieselbe menschliche Schwachheit, als Er sagte: *»Der Geist ist willig, aber das Fleisch ist schwach« (Mk. 14,38).* Wir sollten Gott dankbar sein dafür, dass Er einen Unterschied macht zwischen mangelndem Glauben und der Schwachheit des Fleisches. Selbst die bedeutendsten Glaubensmänner Gottes zitterten oft vor bestimmten Aussichten, mit denen sie konfrontiert wurden!

Die Wahrheit zu erkennen und die Lehren zu verstehen ist sehr wichtig; aber trotz dieses klaren Verständnisses können wir zittern. Dass dies unter bestimmten schrecklichen Umständen der Fall ist, heißt nicht notwendigerweise, dass man keinen Glauben habe, auch wenn der Teufel versuchen wird, einem dies einzureden. Wenn du jemals in eine solche Versuchung gerätst, dann erinnere dich an Habakuk. Er hat alles vollkommen verstanden – und trotzdem zitterte er wie Espenlaub, allein wegen der Schwachheit seines Fleisches!

GOTTES FÜRSORGE FÜR SEINEN DIENER

Das Beispiel anderer Diener Gottes

Gott *»weiß, was für ein Gebilde wir sind; Er denkt daran, dass wir Staub sind« (Ps. 103,14).* Er versteht unsere menschliche Schwachheit und hat dafür wunderbare Vorkehrungen getroffen. Zuallererst sagt Er uns in Seiner Gnade, dass selbst Seine bedeutendsten Knechte etwas von physischer Furcht erlebt haben, verbunden mit dem Glauben an Sein Wort. Wir haben gesehen, dass dies bei Habakuk der Fall war. Aber sogar Abraham, jener glaubensstarke Mann, erfuhr zuweilen, was es bedeutet, im Fleisch schwach zu sein. Auch David gab zu, dass sein Fleisch trotz seines Glaubens zu versagen drohte. Jeremia hatte wie Habakuk eine düstere Prophezeiung zu überbringen und fühlte sich mitunter so, als könne er die Feuerprobe nicht bestehen. Die Botschaft war so furchtbar, dass er zwar im Geiste bereit war, sie zu verkünden, sein Fleisch aber naturgemäß davor zurückschreckte.

Wir werfen einen Blick auf Johannes den Täufer, wie er im Gefängnis schmachtet, ermüdet, körperlich leidend, und wie sich diese Umstände auf seinen Geist auswirken. Wir beobachten das auch bei dem Apostel Paulus. In seinem zweiten Brief an die Korinther berichtet er, dass sein Fleisch keine Ruhe hatte, *»sondern wir wurden auf alle Art bedrängt, von außen Kämpfe, von innen Ängste« (2.Kor. 7,5)*. Und als er zum ersten Mal in Korinth predigte, da tat er das *»in Schwachheit und mit viel Furcht und Zittern« (1.Kor. 2,3)*.

Solche Beispiele versichern uns, dass Gott uns versteht und uns in Seiner Gnade einen Ausweg aus unseren Schwierigkeiten zeigen will.

Die Gabe der Freude – nicht der Selbstbeherrschung

Was kann ein Mensch nun in einem solchen Zustand menschlicher Schwachheit tun? Was konnte einen solchen Mann wie Habakuk stärken, als die

Chaldäer kamen und die Stadt zerstörten? Was hat den treuen Überrest des Gottesvolkes aufrechterhalten, als alles verloren schien?

Es gab keine Resignation; sie sagten nicht: »Was sollen wir uns groß über Dinge aufregen, die wir ja doch nicht ändern können?!« Auch handelten sie nicht nach dem Prinzip der psychologischen Distanzierung; sie redeten sich nicht etwa ein: »Das Beste ist, gar nicht darüber nachzudenken! Lenk dich ab mit Filmen, Romanen und denk einfach nicht nach«, was nur eine Art Flucht vor der Wirklichkeit wäre. Ebenso wenig versuchten sie, sich selbst Mut einzuflößen. Es gibt hier keine Aufforderung, mutig zu sein; es gibt etwas unendlich Größeres, als nur eine mächtige Willensanstrengung zu unternehmen und zu sagen: »Ich werde nicht jammern oder weinen, ich will ein Mann sein!« Habakuk gestand offen ein, dass sein Leib erzitterte und seine Lippen erbebten wegen dieser Stimme, und dass Fäulnis in sein Gebein drang (V. 16).

Die »psychologische« Vorgehensweise unterscheidet sich stark von der biblischen. Es ist in vielen Fällen einfach nur grausam, einem Menschen, der sich in unkontrollierter Angst befindet, zu sagen: »Nimm all deine Kraft zusammen!« – Wenn er es könnte, würde er es ja tun, und das Zittern würde aufhören. Aber der Prophet ist in einem Zustand, in dem er seine körperlichen Reaktionen nicht mehr kontrollieren kann. Er kann nicht verhindern, dass er zittert, so sehr er es auch versucht. Die Methoden, welche die Welt in einem solchen Moment anbietet, sind nur bei bestimmten Menschen wirksam, und zwar in einem Stadium, in dem diese Hilfe kaum nötig ist. Sie sind jedoch wertlos, wenn sich ein Mensch in dieser Phase völligen Schreckens befindet.

Die Heilige Schrift dagegen zeigt uns, dass es möglich ist, sich selbst unter solchen Bedingungen zu freuen, anstatt sich einfach nur damit abzufinden oder sich Mut zuzusprechen. *»Denn der Feigenbaum wird nicht ausschlagen und der Weinstock keinen Ertrag geben; die Frucht des Ölbaums wird trügen, und die Felder werden keine Nahrung liefern; die Schafe werden aus den Hürden getilgt, und kein Rind wird mehr in den Ställen sein. Ich aber will mich freuen in dem HERRN und frohlocken über den Gott meines Heils!« (Hab. 3,17-18).* Um nichts weniger als das geht es dem Christen.

Der Weltmensch mag sich, sofern es ihm körperlich noch gut geht, in einen Zustand der Ergebung versetzen. Er mag mutig auftreten, wie es viele während des zweiten Weltkrieges taten und wie es viele auch weiterhin in großen Krisen tun werden. Und das ist im Grunde genommen eine lobenswerte Einstellung. Aber im Gegensatz dazu hat der Christ die Gewissheit, dass er – selbst wenn er von Haus aus eher dazu neigt, sich zu ängstigen – inmitten der Gefahr nicht nur Kraft, sondern auch Freude erfahren kann. Er kann gemäß der Aufforderung von Paulus handeln: *»Seid fröhlich in Hoffnung, in Bedrängnis haltet stand, seid beharrlich im Gebet!« (Röm. 12,12)*; er kann inmitten der schlimmsten Umstände triumphieren.

Das ist die Herausforderung für uns Christen; darin sollen wir uns als Christen von der Welt unterscheiden. Selbst wenn die ganze Hölle losgelassen wird und das Schlimmste eintritt, dürfen wir mehr tun, als uns einfach »damit abzufinden« oder »ruhig zu bleiben«. Wir sollten eine heilige Freude kennen und einen Geist des Frohlockens offenbaren. Wir dürfen uns nicht damit begnügen, uns mit Hilfe eines eisernen Willens beherrschen zu können, sondern wir dürfen *»mehr als*

Überwinder« sein (Röm. 8,37; ELB). Wir dürfen mit Habakuk sagen: *»Ich aber will mich freuen in dem HERRN und frohlocken über den Gott meines Heils!« (Hab. 3,18).* Eine solche Zeit ist eine Prüfung für unser christliches Bekenntnis. Wenn wir dann nicht *»mehr als Überwinder«* sind, versagen wir als Christen.

Ermutigung aus der Geschichte

Was aber ermöglicht uns dies? Der Prophet findet seinen Trost in der richtigen und geistlichen Deutung der Geschichte, worauf wir bereits hingewiesen haben. Immer, wenn in den Psalmen der jeweilige Schreiber mit solchen Situationen konfrontiert ist, wie wir sie hier vor Augen haben, blickt er stets auf die Geschichte des Handelns Gottes mit den Menschen zurück und kann Ihn dadurch loben und über Ihn frohlocken.

Der Prophet erinnert sich hier auch an einige der bedeutenden Ereignisse in der langen Geschichte der Kinder Israels, insbesondere an die Befreiung Israels aus der Sklaverei in Ägypten, den Durchzug durch das Rote Meer, die Wanderung durch die Wüste, die Niederlage der Feinde und die Einnahme Kanaans.

Auch wir müssen es lernen, diese Methode anzuwenden. Möglicherweise ist dies das Einzige, was uns in der vor uns liegenden Zeit Halt geben wird. Wenn wir heute auf die Welt blicken, gibt es dann einen anderen Grund zum Jubeln als diesen? Was auch immer kommen mag – wenn wir uns jemals in dem furchterregenden Zustand befinden sollten, den der Prophet so anschaulich beschrieben hat, dann müssen wir auf die Geschichte zurückblicken.

Sich auf die Tatsachen konzentrieren

Zunächst müssen wir uns auf die Tatsachen konzentrieren und erkennen, dass es sich tatsächlich um Tatsachen handelt. Der Prophet geht sehr ins Detail, wenn er uns von den Dingen erzählt, die Gott getan hat – wie Er das Rote Meer geteilt, die Sonne angehalten und die Naturgewalten gesteuert hat.

Es steht außer Frage, dass in diesen Tagen die Fakten des biblischen Berichts heute wieder über alles andere gestellt werden müssen. Manche sagen uns, dass eine Rückkehr zur biblischen Theologie und ein neues Verständnis der biblischen Lehre nötig seien. Sie sprechen in den letzten Jahren viel von der »wunderbaren Wiederentdeckung der wesentlichen Botschaft der Bibel«. Dies ist der Schwerpunkt der so genannten Dialektischen Theologie (Neo-Orthodoxie). Die meisten von ihnen verwenden den Begriff »Mythos«, um viele der historischen Fakten zu beschreiben, und sie sagen, dass die tatsächliche Geschichte an und für sich nicht wirklich wichtig sei. Die aufgezeichneten Ereignisse seien letztlich nicht wichtig; was zählt, sei die Lehre, die in den vermeintlichen Fakten verankert sei. Sie behaupten, dass die historischen Einzelheiten des Alten Testaments nicht von höchster Bedeutung seien und dass es nicht wirklich wichtig sei, den Fakten zu glauben. Wichtig sei, der Botschaft zu glauben, die in dieser Form präsentiert werde. Daher glauben viele von ihnen nicht, dass die Kinder Israel buchstäblich durch das Rote Meer gegangen sind; sie sagen, dass dies wissenschaftlich gesehen unmöglich sei. Sie sind sich jedoch einig, dass in der Geschichte ein wesentlicher Grundsatz enthalten sei, und die

Hauptsache sei, diesen Grundsatz zu verstehen. Der heutige Begriff »Mythos« impliziert, dass die »Hülle der Geschichte« unwichtig sei; es sei der »Kern der Wahrheit«, der zähle. Die dargestellten Fakten mögen nicht an und für sich wahr sein; aber das, was sie darstellen, ist wahr.

Wenn diese Ansicht wahr wäre, dann hätte ich überhaupt keinen Trost. Wenn Gott die Dinge, die im Alten Testament über Israel aufgezeichnet sind, nicht tatsächlich so getan hätte, dann wäre die ganze Bibel vielleicht nur eine psychologische Erfindung, die mich bei Laune halten soll. Die Heilige Schrift zeigt jedoch ganz klar, dass meine Zufriedenheit und mein Trost auf Tatsachen beruhen – auf der Tatsache, dass Gott bestimmte Dinge getan hat, und dass sie buchstäblich geschehen sind. Der Gott, an den ich glaube, ist der Gott, der das Rote Meer und den Jordan teilen konnte und es auch tat.

Indem Habakuk sich selbst und uns an diese Ereignisse erinnert, tröstet er sich nicht nur mit Gedankenspielen, sondern er spricht von den Dingen, die Gott *tatsächlich vollbracht* hat. Der wahre Glaube gründet sich auf Tatsachen, nicht auf bloße Ideen. Und wenn die in der Bibel aufgezeichneten Fakten nicht wahr wären, dann hätte ich keine Hoffnung und keinen Trost. Denn wir werden nicht durch Ideen gerettet, sondern durch Tatsachen, durch Ereignisse. Der christliche Glaube unterscheidet sich von allen anderen Religionen dadurch, dass seine Lehren auf Tatsachen beruhen. Buddhismus, Hinduismus und andere Religionen beruhen auf Theorien und Ideen. Allein im christlichen Glauben haben wir es mit Tatsachen zu tun. Wir müssen diese modernen Theorien, die biblische Fakten als »Mythen« darstellen, zurückweisen; sie sind vom Teufel. Es ist absolut unerlässlich, dass wir den Tatsachen glauben und sie als solche akzeptieren, weil sie von unserem Herrn kommen.

Mit Gottes Macht rechnen

Nachdem wir uns mit den Fakten befasst haben, müssen wir mit der Größe der Macht Gottes rechnen. – Habakuk erinnert sich an die Wunder, die der Herr in Ägypten gewirkt hat: *»Ein Glanz entsteht, wie Licht; Strahlen gehen aus Seiner Hand hervor, und dort ist Seine Kraft verborgen. Vor Ihm her geht die Pest« (Hab. 3,4-5).* Dann spricht er von der

Teilung des Roten Meeres: *»Ist der HERR über die Ströme ergrimmt? Ergießt sich Dein Zorn über die Ströme, Dein Grimm über das Meer, dass Du auf Deinen Rossen reitest, auf Deinen Wagen der Rettung?« (V. 8)*. Es ist wichtig, die Tatsache zu akzeptieren, dass der Pharao und seine Heerscharen buchstäblich im Meer ertrunken sind! Die Geschichte ist nicht bloß eine Allegorie der Befreiung, sondern ein Ereignis, das sich tatsächlich zugetragen hat und bei dem Gott Seine Macht erwiesen hat.

Es folgen Hinweise auf den Berg Sinai, auf die Teilung der Wasser des Jordans, und dann ist da noch der markante Satz: *»Sonne und Mond treten in ihre Wohnung« (V. 11)*. Gott hielt die Sonne an, damit die Israeliten siegen konnten (vgl. Jos. 10,12f.). Der Gott, an den wir glauben, kann handeln, und Er handelt, wie und wann es Ihm gefällt. Habakuk sinnt über Seine Größe und Macht und über das Element des Wunders in Gottes Handeln mit Seinem Volk nach. Wenn diese Wunder in ihrer Substanz nicht wahr wären, wo bliebe dann unsere Sicherheit und unser Trost? Die Fakten sind wichtig, weil sie die Größe und die Macht Gottes und das Element des Wunders im Umgang des Herrn mit Seinem Volk offenbaren.

Gott steht zu Seinem Wort

Die dritte Wahrheit ist, dass der Gott, mit dem wir es zu tun haben, ein Gott ist, der zu Seinem Wort steht und Seine Versprechen einhält! *»Bloß, enthüllt ist Dein Bogen; Deine Eide sind die Pfeile, gemäß Deinem Wort. Durch Ströme zerteilst Du das Land« (V. 9).* Indem der Prophet sich die Fakten und die Macht Gottes in Erinnerung ruft, vergewissert er sich auch, dass der Herr mit diesen Ereignissen lediglich Sein Wort einlöste und den Schwur erfüllte, den Er Abraham gegeben und gegenüber Isaak und Jakob wiederholt hatte. Gott hatte gesagt, dass sie Sein Volk seien, und dass Er bestimmte Absichten mit ihnen habe, und so hatte Er sie, obwohl sie in Ägypten besiegt zu sein schienen, herausgeführt und ihnen in all ihren Schwierigkeiten beigestanden.

Wir sehen nun deutlich die von Gott bereitgestellte Möglichkeit, mit der Furcht umzugehen, die wir selbst nicht beherrschen können. Wir blicken zurück und denken an Ihn. Als der Prophet dies tat, begann er, sich besser zu fühlen. Er vergaß seine Nervosität, und in der Betrachtung des mächtigen, wundertätigen Gottes wurde er so von

Staunen erfüllt, dass er zu jubeln begann. Er spürte, dass er allem, was kommen mochte, begegnen konnte. Trotz allem konnte er sich *»freuen in dem Herrn und frohlocken über den Gott [seines] Heils« (V. 18)*. Ein solcher Gott, das wusste er, würde ihn nicht vergessen, und ein solcher Gott würde ihn sicher durchbringen.

GOTTES FÜRSORGE FÜR SEINE GEMEINDE

Das waren die Fakten, an die sich der Prophet Habakuk zu seinem eigenen Trost erinnerte. Doch wir sind heute in einer weitaus besseren Lage als Habakuk. Wir können der Geschichte noch mehr hinzufügen; wir können die Fakten ergänzen, die der Prophet anführt. Wir können sehen, wie sich alles, was Gott ihm offenbart hat, buchstäblich erfüllt hat.

Die Chaldäer wurden wirklich an die Macht gebracht; sie haben Israel angegriffen; die Israeliten wurden als Gefangene nach Babylon verschleppt. Aber zur rechten Zeit wandte sich Gott gegen die Chaldäer, vernichtete sie und brachte den Überrest Israels zurück nach Jerusalem. Die Stadt wurde wieder aufgebaut und der Tempel errichtet.

Wir können noch weitergehen. Wir können die Fakten der machtvollen Errettung betrachten, die Gott in Christus gewirkt hat. Wir können uns besonders über die Tatsache der Auferstehung freuen! Wenn jemals eine Situation absolut hoffnungslos erschien, dann war es damals, als der Sohn Gottes an ein Kreuz genagelt und schließlich in ein Grab gelegt wurde. Seine Jünger waren völlig niedergeschlagen, denn das Ende schien tatsächlich gekommen zu sein. Doch Gott handelte in dem Wunder der Auferstehung. Er zeigte, dass Er immer noch Gott ist, und dass bei Ihm nichts unmöglich ist. Die Auferstehung Jesu Christi ist keine bloße Idee, sondern eine buchstäbliche, historische Tatsache. Wenn sie es nicht wäre, gäbe es kein Evangelium. Wir glauben nicht nur an ein Fortbestehen des Lebens über das Grab hinaus. Wir behaupten nicht einfach, dass Jesus noch lebt. Wir verkünden, dass Er buchstäblich leiblich aus dem Grab auferstanden ist. Alles hängt von der Wahrheit dieser Tatsache ab!

Betrachten wir einige weitere Fakten. Die Juden verfolgten die Gemeinde Jesu grausam und wurden gewarnt, dass sie endgültig verwüstet würden, wenn sie so weitermachten. Sie waren im Alten Testament gewarnt worden; sie wurden erneut von Johannes dem Täufer und dann von Jesus

Selbst gewarnt. Als sie im Unrecht verharrten, zerstörte Gott im Jahre 70 nach Christus ihre Stadt. Der Tempel wurde niedergerissen, und das Volk wurde unter alle Völker zerstreut!

Die Ereignisse von 70 n. Chr. dürfen niemals vergessen werden. Man darf auch nie vergessen, was mit dem Römischen Reich geschah, das die Gemeinde Jesu verfolgte und sie auszulöschen versuchte. Aber es war schon in der Offenbarung des Johannes und an anderer Stelle ganz klar angekündigt worden, dass eine furchtbare Katastrophe über die Römer hereinbrechen und sie verwüstet würden. Es geschah buchstäblich, wie jeder in der Geschichte des Römischen Reiches nachlesen kann.

Diese Ereignisse könnten durch viele andere im Laufe der Jahrhunderte ergänzt werden. Die Geschichte der Gemeinde im Mittelalter, die Geschichte der protestantischen Reformation und die Verfolgung der protestantischen Väter veranschaulichen das gleiche Prinzip. Der Teufel versuchte durch die Römische Kirche, die Protestanten zu vernichten, und eine Zeit lang schien alles verloren; aber das Werk Gottes ging weiter. In den großartigen Geschichten der Covenanters und der

Puritaner finden sich weitere Illustrationen desselben großen Prinzips.

Wenn wir uns all das wieder in Erinnerung rufen, dann werden wir wie Habakuk in der Lage sein, uns trotz der Umstände im Herrn zu freuen.

Über allen anderen Tatsachen steht die herrlichste von allen, die Tatsache von Jesus Christus Selbst: In den Evangelien werden uns die Einzelheiten Seines Erdenlebens geschildert, damit wir in Zeiten der Not Trost finden können. Erinnern wir uns vor allem daran, dass der Sohn Gottes Selbst in dieser Welt gelebt hat. Er weiß alles über den Widerspruch der Sünder gegen sich Selbst; obwohl Er der Sohn Gottes war, war Er damit vertraut, was es heißt, müde und erschöpft zu sein, schwach zu werden, im Todeskampf Blutstropfen zu schwitzen. Er wusste, was es heißt, der ganzen Welt und allen Mächten Satans und der Hölle, die sich gegen Ihn versammelt hatten, gegenüberzustehen.

Im Hebräerbrief lesen wir daher in Kapitel 4,15: *»Denn wir haben nicht einen Hohenpriester, der kein Mitleid haben könnte mit unseren Schwachheiten, sondern einen, der in allem versucht worden ist in ähnlicher Weise [wie wir], doch ohne Sünde«*. Er weiß alles über unsere Schwachheit und Hinfälligkeit. Die

Fleischwerdung ist keine bloße Idee, sondern ein Faktum: *»Das Wort wurde Fleisch« (Joh. 1,14).* Und in unseren Todesqualen und unserer Schwachheit dürfen wir uns immer vertrauensvoll an Ihn wenden, weil wir wissen, dass Er uns versteht, dass Er uns kennt und uns beistehen kann. Der Sohn Gottes ist Mensch geworden, damit Er unser vollkommener Hoherpriester sein und uns zu Gott führen kann.

Was auch immer geschehen mag, *»ich aber will mich freuen in dem HERRN und frohlocken über den Gott meines Heils!« (Hab. 3,18).*

Mein Glaube fest nur bauen kann

On Christ I Stand

Edward Mote (1797–1874)
Deutsch: C.A. Daniel, Voice of Hope (4. Str.)

1. Mein Glaube fest nur bauen kann
auf das, was Gott für mich getan.
Ein froh Gefühl gar bald zerstäubt;
Christus, der ew'ge Felsen, bleibt.

Refrain
Wer diesem Felsen fest vertraut,
der hat auf keinen Sand gebaut.

2. Ist auch verhüllt Sein Angesicht,
des Heilands Gnade wanket nicht.
Wenn auch der Sturmwind um mich bläst,
der Fels hält meinen Anker fest.

3. Sein Eid, Sein Bund, Sein teures Blut
beschützen mich zur Zeit der Flut.
Wenn alles ringsum untergeht,
der ew'ge Felsen sicher steht.

4. Wenn ich vor Gottes Thron erschein',
mög ich mit Ihm verbunden sein,
gekleidet in Gerechtigkeit,
von Sündenflecken ganz befreit.

D. Martyn Lloyd-Jones

Was ist biblische Verkündigung?

Art.-Nr.: 875213

Wie kann mein Predigtdienst Gott am meisten verherrlichen und Sein Wort ehren? Von diesem Anliegen bewegt, legt D.M. Lloyd-Jones fünf Grundprinzipien für die Predigt der Heiligen Schrift dar. Er erklärt, was Predigen bedeutet, was gepredigt werden muss und welch einen Stellenwert das Predigen in der Gemeinde einnehmen sollte, wenn wir eine gesunde und bibeltreue Gemeinde sein wollen.

Charles Haddon Spurgeon

Du bist die Hoffnung meiner Seele

Art.-Nr.: 875285

Wusstest du, dass die Verheißungen Gottes das Geburtsrecht jedes Christen sind?

Dieses Buch ist eine echte Ermutigung, Gott beim Wort zu nehmen. Es zeigt dir, wie du die vielen Verheißungen Gottes für dich annehmen darfst, dir deiner Errettung gewiss sein und deinen Glauben stärken kannst, effektiver beten und eine tiefere Beziehung zu Gott erleben darfst.

Entdecke, wer du in Christus bist und wie du die vielen Gaben empfängst, die Gott für jeden wahren Christen bereithält.

R.C. Sproul

Römerbrief-Kommentar

Art.-Nr.: 875258

In diesem ausführlichen Kommentar zeigt R.C. Sproul unsere Sündhaftigkeit und Unfähigkeit, uns selbst zu erretten, die Gerechtigkeit Gottes und Seine wunderbare Gnade, das Heil in Christus, unsere Verantwortung, Gottes souveränes Handeln gegenüber Israel und das geheiligte Leben eines Christen.

Lass Dich beim Lesen dieses Kommentars erbauen, indem Du die konsequente Art und Weise beobachtest, in welcher der Apostel Paulus die Herrlichkeit Jesu hervorhob, während er zum Gehorsam des Glaubens aufrief.

R.C. Sproul

Gott wohlgefällig leben

Art.-Nr.: 875276

Manchmal scheint es uns im Leben zwei Schritte vorwärts und einen zurück zu gehen.

Heiligung ist kein alltägliches Wort. Tatsächlich hat es in unserer ich-fokussierten Welt der Sucht nach sofortiger Befriedigung wenig Wert. Doch unabhängig von Trends, Kulturen oder Meinungen bleibt das Geheiligtsein – das Abgesondertsein von der Welt – ein wichtiger Teil unseres Weges mit Christus.

Reich an biblischen Einsichten, bietet dieses Buch einen praktischen Leitfaden für jeden, der sich danach sehnt, ein Leben zu führen, das den Erretter ehrt.

Die Bibel ermöglicht es uns zu verstehen, was heute geschieht, und dass alles, was sich in der Geschichte ereignet, seinen Platz im göttlichen Plan hat.

Martyn Lloyd-Jones